职业教育殡葬相关专业系列教材

BINZANG FUWU YINGXIAO

殡葬服务营销

沈宏格　　郑佳鑫　　主编

杨宝祥　　主审

化学工业出版社

·北京·

内容简介

《殡葬服务营销》以服务营销的相关理论为指导，结合殡葬行业的工作实际，分十章阐述殡葬服务营销的主要内容，包括殡葬服务营销的概况、殡葬服务营销的人员、殡葬服务营销的客户、殡葬服务营销的环境与产品、殡葬服务营销的渠道、殡葬服务营销的过程设计、殡葬服务项目策划、殡葬服务有形展示、殡葬服务工作中存在的问题与补救、殡葬机构服务文化建设；同时配有课件资源（以二维码形式呈现）。

本书及时吸收和借鉴行业内外发展的新知识、新技术、新方法，对接国家职业技能标准和具体的岗位要求，落实"岗课赛证"综合育人精神，既可作为职业教育现代殡葬技术与管理、陵园服务与管理等专业的教材，也可供行业从业人员培训参考使用。

图书在版编目（CIP）数据

殡葬服务营销/沈宏格，郑佳鑫主编. —北京：化学工业出版社，2023.2（2024.7重印）
职业教育殡葬相关专业系列教材
ISBN 978-7-122-42612-3

Ⅰ.①殡… Ⅱ.①沈… ②郑… Ⅲ.①葬礼-服务业-营销管理-中国-职业教育-教材 Ⅳ.①D632.9

中国版本图书馆 CIP 数据核字（2022）第 230038 号

责任编辑：章梦婕　李植峰　刘　哲　　　　　文字编辑：谢晓馨　陈小滔
责任校对：边　涛　　　　　　　　　　　　　装帧设计：王晓宇

出版发行：化学工业出版社（北京市东城区青年湖南街 13 号　邮政编码 100011）
印　　装：北京科印技术咨询服务有限公司数码印刷分部
787mm×1092mm　1/16　印张 8¾　字数 201 千字　2024 年 7 月北京第 1 版第 2 次印刷

购书咨询：010-64518888　　　　　　　售后服务：010-64518899
网　　址：http://www.cip.com.cn
凡购买本书，如有缺损质量问题，本社销售中心负责调换。

定　　价：35.00 元

职业教育殡葬相关专业系列教材

编撰委员会

主　　任　邹文开

副主任　何振锋　孙树仁　孙智勇　马　荣　卢　军　张丽丽

委　　员（按照姓名汉语拼音顺序排列）

毕爱胜　樊晓红　郭海燕　何秀琴　何振锋　胡　玲

黄汉卿　姜　笑　林福同　刘　凯　刘　琳　卢　军

吕良武　马　荣　牛伟静　亓　娜　沈宏格　孙树仁

孙智勇　王　静　王立军　魏　童　邬亦波　肖成龙

徐　莉　徐晓玲　余　廷　翟媛媛　张丽丽　赵志国

郑佳鑫　郑翔宇　钟　俊　周卫华　周晓光　朱文英

朱小红　邹文开

职业教育殡葬相关专业系列教材

审定委员会

《殡葬服务营销》编审人员

主　　编　沈宏格　郑佳鑫

副 主 编　马　荣　余江玲　亓　娜

编写人员　（按姓名汉语拼音顺序排列）

何秀琴（武汉民政职业学院）

马　荣（黑龙江省民政职业技术学院）

亓　娜［北京社会管理职业学院（民政部培训中心）］

沈宏格（长沙民政职业技术学院）

苏　泉（长沙民政职业技术学院）

许伦伍（湖北西行客殡葬服务有限公司）

余江玲（长沙民政职业技术学院）

郑佳鑫（景德镇市国信人文纪念有限公司）

主　　审　杨宝祥［西上海（集团）有限公司］

序 一

殡葬服务是基本民生保障工程。随着经济社会的快速发展，人民对美好生活的需求日益提升，百姓对殡葬服务水平和质量提出了更高的要求。让逝者安息，给生者慰藉，为服务对象提供人文化、个性化服务亟须提上议事日程。当前，我国每年死亡人口上千万。截至 2021 年底，全国共有殡葬服务机构 4373 个，殡葬服务机构职工 8.7 万人。殡葬从业人员的数量和素质势必影响殡葬服务的水平和质量。人民群众对殡葬服务日益高质量、多样化、个性化的需求，给殡葬从业人员提出了更高的要求和期待。

党的十九大报告指出，"完善职业教育和培训体系，深化产教融合、校企合作"，为新时代职业教育发展明确了思路。2019 年 1 月，国务院印发了《国家职业教育改革实施方案》，把职业教育摆在教育改革创新和经济社会发展全局来进行谋划，开启了职业教育改革发展的新征程，提出了深化职业教育改革的路线图、时间表、任务书。方案中尤其提出"建设一大批校企'双元'合作开发的国家规划教材，倡导使用新型活页式、工作手册式教材并配套开发信息化资源"，更为殡葬相关专业系列教材编写工作指明了方向。党的二十大报告指出，"统筹职业教育、高等教育、继续教育协同创新，推进职普融通、产教融合、科教融汇，优化职业教育类型定位"。

从殡葬教育发展现状来看，我国现代殡葬教育从无到有，走过了二十多年的发展历程。全国现有近十所院校开设现代殡葬技术与管理及相关专业，累计为殡葬行业培养了近万名专业人才，在殡葬服务水平提升和殡葬服务事业发展方面起到了关键作用。殡葬教育取得成绩的同时，也存在诸多问题，如全国设置殡葬相关专业的院校，每年毕业的学生仅千余名；又如尚未有一套专门面向职业院校学生的教材，不能满足新时代殡葬事业发展的需要，严重制约了殡葬教育的发展和殡葬相关专业人才的培养。

在这样的背景下，北京社会管理职业学院生命文化学院、现代殡葬技术与管理专业教学指导委员会启动了系列教材编写工作，旨在服务于全国各职业院校殡葬相关专业的教学需要和行业从业人员的培训需求。教材编写集结了院校教师、行业技能大师、一线技术能手以及全国近四十家殡葬企事业单位。多元力量的参与，有效保障了系列教材在理论夯实的同时保证案例丰富、场景真实，使得教材更加贴近生产实践，具有更强的生命力。将系列教材分为三批次出版，有效保障了出版时间的同时深耕细作、与时俱进，使得教材更加紧跟时代发展，具有更强的发展性。本套教材是现代殡葬教育创办以来首套专门为职业院校学生和一线从业人员编写的校企一体化教材。它的编写回应了行业发展的需要以及国家对职业教育发展的定位，满足了殡葬相关专业职业教育的实践需求，必将有效提升殡葬人才的专业素质、服务技能以及学历水平，对更新和规范适应发展的专业教学内容、完善和构建科学创新的专业教学体系、提高教育教学质量、深化教育教学改革起到强有力的促进作用，也将推动殡葬行业的发展，更好地服务民生。

在这里要向为系列教材编写贡献力量的组织者和参与者表示敬意和感谢。感谢秦皇岛海涛万福环保设备股份有限公司、石家庄古中山陵园、天津老美华鞋业服饰有限责任公司等几家单位，积极承担社会责任，资助教材出版。

希望本系列教材能够真正成为殡葬职业教育的一把利器，推进殡葬职业导向的教育向更专业、更优质发展，为培养更多理论扎实、技艺精湛的一线高素质技术技能人才做出积极贡献，促进殡葬教育和殡葬行业健康快速发展。

全国民政职业教育教学指导委员会副主任委员
北京社会管理职业学院党委书记
邹文开

序 二

生死是宇宙间所有生命体的自然规律。殡葬作为人类特有的文明形式，既蕴含着人文关怀、伦理思想，又依托于先进技术与现代手段。我国的现代殡葬技术与管理专业自20世纪90年代创立，历经20多年的发展，已培养上万名殡葬专业人才，大大推进了我国殡葬事业的文明健康发展。然而，面对每年死亡人口上千万、治丧亲属上亿人的现实，全国殡葬相关专业每年的培养规模仅千余名，殡葬相关专业人才供给侧与需求侧结构性矛盾突出。要解决这一矛盾，就必须不断提升人才培养的能力，切实加强推进殡葬相关专业建设。

格林伍德在《专业的属性》一书中指出，专业应该具有的特征包括"有一套系统的理论体系；具有专业权威性；从业者有高度认同的价值观；被社会广泛认可；职业内部有伦理守则"。这样看来，殡葬教育要在职业教育层面成为一个专业，教材这个"空白"必须填补。目前，我国尚没有一套专门面向职业院校的殡葬相关专业教材。在教学实践中，有的科目开设了课程但没有教材，有的科目有教材但内容陈旧，严重与实践相脱离。目前主要应用的基本是自编讲义，大都沿用理论课教材编写体系，缺少行业环境和前沿案例，不能适应实际教学需要。

加强教材建设、厘清理论体系、提升学历层次、密切产教融合，真正做实做强殡葬职业教育，培养更多更优秀的殡葬相关专业人才，以此来回应殡葬行业专业化、生态化高速优质发展的需要，以此来回应百姓对高质量、个性化、人文化殡葬服务的需求，这是教育工作者义不容辞的使命。"建设知识型、技能型、创新型劳动者大军""大规模开展职业技能培训，注重解决结构性就业矛盾"，十九大报告为职业教育发展指明方向。"职业教育与普通教育是两种不同教育类型，具有同等重要地位""建设一大批校企'双元'合作开发的国家规划教材"，《国家职业教育改革实施方案》为职业教育发展圈出重点。

"殡葬"不仅要成为专业，而且殡葬相关专业是关系百姓"生死大事"、关系国家文明发展的专业。我们要通过殡葬人才培养，传导保障民生的力量；要通过殡葬人才培养，传播生态文明的观念；要通过殡葬人才培养，弘扬传统文化的精神。而这些作用的发挥，应当扎扎实实地落实在教材的每一章每一节里，应当有的放矢地体现在教材的每一字每一句中。就是带着这样的使命与责任，就是怀着这样的情结与期待，现代殡葬技术与管理专业教学指导委员会启动了"职业教育现代殡葬技术与管理专业系列教材"的编写工作，计划分三批次出版面向职业院校学生和一线从业人员的殡葬相关专业系列教材。教材编写集结了殡葬专业教师和来自一线的行业大师、技术能手，应用了视频、动画等多媒体技术，实行了以高校教师为第一主编、行业专家为第二主编的双主编制。2018年4月，在北京社会管理职业学院召开第一次系列教材编写研讨会议；2018年7月，在黑龙江民政职业技术学校召开第二次系列教材编写研讨会议；2018年10月，在北京社会管理职业学院召开第一次系列教材审定会议；2019年4月，在北京社会管理职业学院召开第二次系列教材审定会议；2019年12月，在北京社会管理职业学院召开第三次系列教材审定会议；2022年3月10日，由于疫情影响，以线上会议的方式召开系列教材推进研讨会，明确了教材最终出版的时间要求。踩住时间节点，强势推进工作，加强沟通协调，统一思想认识。我们在编写力量、技术、过程上尽可能地提高标准，旨在开发出一套理论水平高、实践环境真实、技能指导性强，"教师乐教、学生乐学、人人皆学、处处能学、时时可学"的教学与培训用书。殡葬相关专业系列教材编写一方面要符合殡葬职业特点、蕴含现代产业理念、顺应新时代需求、传承优秀传统文化，从而优化专业布局和层次结构；另一方面应体现"政治性""文化性""先进性"和"可读性"的原则，全面推进素质教育，弘扬社会主义核心价值观，培养德、智、体、美、劳全面发展的社会主义事业建设者和接班人。

希望此次系列教材的推出能够切实为职业教育殡葬相关专业师生及行业一线从业人员的学习研究、指导实践提供支持，为提高教育教学质量、规范教学内容提供抓手，为锻炼师资队伍、推动教育教学改革做出贡献，为发展产业市场、提升服务水平贡献人才。

在此特别感谢秦皇岛海涛万福环保设备股份有限公司、石家庄古中山陵园、天津老美华鞋业服饰有限责任公司三家单位，它们都是行业中的佼佼者。它们在积极自我建设、服务社会的同时，以战略的眼光、赤子的情怀关注和支持殡葬教育，为此次系列教材编写与出版提供资金支持。感谢化学工业出版社积极参与教材审定，推动出版工作，给予我们巨大的支持。

现代殡葬技术与管理专业教学指导委员会常务副主任委员
北京社会管理职业学院生命文化学院院长
何振锋

前　言

民政工作关系民生、连着民心。殡葬工作是民政事业的重要组成部分，殡葬服务关系到千家万户，它不仅是文化传承的载体和社会风尚引导的工具，还直接关联丧葬家属的情感寄托。

本教材重点关注殡葬服务，以做好服务本身并倡导客户选择绿色、生态、文明的殡葬服务为目标，秉持"岗课赛证"综合育人精神，及时吸收和借鉴行业内外发展的新知识、新技术、新方法，以"突出服务、融入标准、传递价值"为指导思想，强化殡葬活动的服务性，具体特色如下。

突出服务：本书以客户为中心，从服务意识、服务心态、服务过程到服务文化建设都紧紧围绕给客户提供满意的服务而展开，其目的是希望殡葬服务机构将经营的重点放在服务上。

融入标准：本书内容严格依据了政府近几年来颁布的政策、国家或行业颁布的殡葬标准，以便提升殡葬服务质量。

传递价值：殡葬服务不只是一个营销过程，更是殡葬价值传递的过程。殡葬作为一种特殊的社会活动，其服务与产品承载了深厚的文化，殡葬服务就是输出这些文化的重要渠道。

本书从介绍殡葬服务和客户体验服务的营销角度，将总体分为服务准备、服务开展、服务保障三部分的营销理论与实务。服务准备（第一章、第二章、第三章）主要围绕殡葬服务市场的要求、殡葬服务人员的服务意识、客户的心理需求等方面的内容介绍殡葬服务营销的基本知识；服务开展（第四章、第五章、第六章、第七章、第八章）主要围绕服务产品、服务渠道、服务过程设计、服务项目策划、服务展示等方面的内容介绍殡葬服务营销实务；服务保障（第九章、第十章）主要围绕服务问题补救、服务文化建设等方面的内容介绍殡葬服务营销特色。

本书是在全国民政职业教育教学指导委员会现代殡葬技术与管理专业教学指导委员会的组织下编写完成的，主审杨宝祥在教材逻辑关系的梳理、框架结构的搭建以及具体内容的取舍等多个方面给予了指导；同时，在教材案例的收集过程中得到了殡葬服务机构的大力支持，在此一并表示衷心的感谢！

由于编者水平有限，书中难免存在不足之处，敬请广大读者批评指正。

编者
2022 年 6 月

目录
CONTENTS

第四章 殡葬服务营销的环境与产品

第五章 殡葬服务营销的渠道

第六章　殡葬服务营销的过程设计

第七章　殡葬服务项目策划

第八章　殡葬服务有形展示

第九章 殡葬服务工作中存在的问题与补救

第十章 殡葬机构服务文化建设

参考文献

第一章
殡葬服务营销的概况

学习目标

1. 了解殡葬服务市场的形成。
2. 了解殡葬服务市场的时代需求。
3. 熟悉殡葬服务营销的特征。

思政与职业素养目标

通过了解我国传统殡葬文化与殡葬服务的时代需求，培养为民、爱民的服务精神，提升文化自信。

殡葬服务是殡葬服务机构为人们的殡葬活动所提供的劳动服务及其服务所需的条件保障。殡葬活动是人类基于一定的生命观、围绕着遗体处理而进行的社会文化活动，它蕴含着社会伦理道德，是社会精神文明与生态文明的重要组成部分。因此，只有对殡葬服务功能有较深刻的理解，才能更好地发挥其作用，将殡葬服务营销的过程打造成殡葬服务功能完善、拓展、发挥的过程。

第一节　我国殡葬服务市场的现状

殡葬服务是关系民生的大事，受到党和政府的高度重视和社会的广泛关注，群众寄予厚望。近年来，党和政府要求把以人民为中心的发展思想充分体现在推动殡葬事业改革发展上，这为我国殡葬服务市场的发展指明了方向。因此，殡葬服务机构需要进一步提升殡葬治理能力和服务水平，完善殡葬服务市场，满足人民群众多样化的殡葬服务需求。

一、我国殡葬服务市场的形成和发展

（一）我国殡葬服务市场的形成

我国的殡葬服务市场从传统走向现代，经历了一个曲折的发展过程。新中国成立初期，在一些大、中城市存在着私立殡仪馆、公墓、寄柩所等殡葬服务机构，殡葬服务主要由私营机构承担，而殡葬公营机构则主要承办慈善和公益性质的服务。1956 年之后，殡葬服务机构基本成为公私合营或公营性质。20 世纪 60 年代，随着火葬制度的推行，大、中城市火葬场开始进行新建和改造。

自 20 世纪 80 年代起，民政部加大了殡葬改革的力度，火葬场也因为承担了殡仪、火葬等综合服务的业务而更名为殡仪馆。国家在殡葬事业单位经营承包和殡仪馆的等级建设方面出台了很多政策，推动了全国殡仪馆的建设和发展。20 世纪 90 年代，殡葬服务机构尝试计划经济体制下的市场运作方式，尽管我国殡葬服务市场的经营主体仍然是民政部门占绝对优势，但这极大地推动了殡葬服务的发展。绝大多数大、中城市的殡仪馆开设了遗体接运、悼念仪式、遗体冷藏、遗体火化等服务项目，提供骨灰盒、花圈等各种祭奠用品，服务水平也在逐步提高。

（二）我国殡葬服务市场的发展

进入 21 世纪，我国的殡葬服务市场进入了一个关键的转型期。随着国家经济形势的好转和人均 GDP 收入的增加，人们在殡葬方面的消费也在稳步增长。在殡葬服务市场可能盈利和存在巨大发展空间的情况下，个体或集体创办的殡葬服务公司、公墓、殡葬一条龙服务机构、殡葬用品店等陆续发展。社会资本、企业资本也逐渐进入殡葬行业，联营的公墓和殡仪馆在一些地区出现，殡葬服务市场已经进入了经营主体多元化的状态。人们的殡葬行为发生变化，自然也就带动了殡葬服务方式的变化。殡仪馆里除了传统的悼念仪式服务外，还有了特殊化妆、夜间守灵和上门服务等新项目；公墓里提供个性化、艺术化的墓碑制作；利用互联网，一些网站上出现了网上祭奠和网上销售殡葬用品等方式。党的十八大以来，在"以人民为中心"理念的指引下，殡葬服务得到进一步发展，主要体现在以下几个方面。

1. 殡葬公共服务得到加强

近年来，民政部、国家发改委不断加强殡葬设施建设，提升殡葬公共服务能力。"十三五"期间，殡葬基础设施纳入了社会服务兜底工程，中央预算内资金投入 40 亿元，补助 609 个地方殡仪馆和公益性骨灰堂建设项目。仅 2021 年就投入 10.8 亿元用于支持公益性殡葬设施建设。此外，民政部还加大了本级福利彩票公益金支持中西部贫困地区殡葬设施设备新建改造的力度，群众治丧条件得到改善。与此同时，从 2009 年开始，民政部逐步推行减免基本殡葬服务费用的政策，惠民殡葬政策基本覆盖低收入群众，各地普遍实施面向城乡困难群众减免或补贴遗体接运、暂存、火化、骨灰寄存等基本殡葬服务费用的惠民殡葬政策。近年来，北京、天津、江苏、浙江、山东、河南、四川、广东、江西等地还将惠民范围扩大到辖区居民。

2. 殡葬市场参与主体不断增多

殡葬服务作为特殊的公共服务，政府对基本殡葬服务与非基本殡葬服务作出了明确区分。从供给主体来看，国有或集体所有的殡葬企事业单位和殡葬服务机构如殡仪馆、公墓、安息堂等是基本殡葬服务供给的主力军。同时，也出现了殡仪服务公司、殡仪服务中心以及个体工商户等多元主体共同参与殡葬服务供给的新模式。它们成为非基本殡葬服务的主力军。通过政府、社会和市场的多元主体融合供给，各主体之间的协调合作不断加深，从而形成了政府、社会、市场之间优势互补、良性互动的良好局面。

3. 节地生态安葬观念日益普及

节地生态安葬，就是采用树葬、草坪葬、花坛葬、壁葬、海葬、平地深埋不留坟头、格位存放等不占或少占土地、少耗资源、少使用不可降解材料的方式安葬骨灰或遗体。民政部统计显示，截至 2021 年底，全国火葬区面积约占国土面积的 52%，覆盖 8 亿多人口；2021年全国火化率达 58.8%，比上年增长 3.1%。火化率稳步提升的同时，树葬、花葬、骨灰深埋不留坟头等节地生态安葬方式也在不断推进，目前全国 24 个省（区、市）都出台了推行节地生态安葬的具体实施意见，对选择节地生态安葬的逝者家属给予一定的资金奖励。北京、天津、上海、辽宁以及广州、南京、宁波等地实施了骨灰撒海补贴政策，上海市节地小型墓已超过全市墓穴销售总量的 80%。

4. 殡葬服务市场进一步规范

近年来为规范市场发展，国家或地区相关管理部门也出台了明确的规范和标准。例如 2018 年 9 月，北京市民政局就出台了《关于进一步做好殡葬服务收费和管理工作的通知》，根据该文件，纳入定价目录范围以内的殡葬服务收费包含九类，其中殡葬基本服务收费有四类，殡葬其他服务收费有五类。2021 年 9 月，湖南省也出台了进一步规范殡葬服务价格管理的文件，明确政府指导价服务项目最高利润不超过 15%，并对全省殡葬服务机构开展成本监审。2022 年 4 月，中国殡葬协会发布了《关于在会员单位中开展殡葬服务及收费自查自纠工作的通知》，要求各殡葬单位围绕政治站位，提高思想认识，深刻理解"民政为民，民政爱民"的含义，持之以恒地抓好殡葬基本民生保障，提升殡葬设施品质，提高殡葬服务水平，使群众感受到殡葬行业的关怀和温度。北京市殡葬协会也发布通知，号召全体会员单位按照中国殡葬协会发布的要求开展殡葬服务行为、服务收费的自查自纠工作，要求各单位要严格服务范围，不违法、违规经营。

⇌ 二、殡葬服务市场的时代要求

坚持殡葬事业的公益属性，着力提升殡葬治理服务质量，不断满足人民群众殡葬服务需求，促进殡葬服务市场可持续发展，这既是新时代深化殡葬服务的需要，也是推进我国殡葬事业高质量发展的需要。

（一）完善殡葬服务供给，满足群众多层次需求

以便民利民为根本宗旨，各地出台了相关政策，充分保障逝者生命尊严和不断满足丧户需求。江苏省殡葬"十四五"规划提出，鼓励和引导社会力量有序参与，激发市场主体活力，推动殡葬服务供给主体和供给方式多元化，满足群众多样化、个性化的殡葬服务需求。广东省殡葬"十四五"规划要求，不断满足人民群众对殡葬服务多样化、多层次的需求，依托医疗卫生、养老等服务机构，强化对临终者的身心照护和人文关怀。不断扩展殡葬服务范围，与临终关怀、追思悼念有效衔接，为遗属提供悲伤慰藉、情感关怀、心理疏导、精神支持。以殡仪馆、公墓等殡葬服务机构为平台，举办开放日、体验日，开展生命文化教育，引导人们从注重大碑、大墓等物质载体转移到以精神传承纪念为主。培育推广现代殡葬礼仪，制定殡葬礼仪规范，引导人们树立文明节俭的殡葬新风尚。

（二）科学规划殡葬设施，坚持绿色发展理念

坚持新发展理念，践行"绿水青山就是金山银山"的绿色发展理念，要求加快推进殡葬设施设备更新改造，实行节能减排，加强殡仪馆大气污染物排放治理。推广使用可降解安葬

（放）用品或者直接将骨灰藏纳土中，不设硬质墓穴和墓碑，更好地保护土地资源和生态环境。要求安葬（放）设施节地、生态、环保，大力推行不占或少占土地、少耗资源的节地生态安葬（包括海葬、树葬、花葬、草坪葬、壁葬等）方式。针对生态节地安葬的人群及相关服务特点，严格落实安葬服务标准，创新服务模式，优化服务流程，强化人文关怀，提升服务内涵，为群众提供更加规范、多元、便捷的殡葬服务。在人口密集区推行以楼、廊、堂、塔、墙等形式存放骨灰的立体安葬方式。加强安葬后续日常管理，注重环境绿化、美化，引导文明低碳祭扫。

（三）注重殡葬文化引导，加强移风易俗建设

殡葬作为一种文化活动，与精神文明建设紧密相关。因此，殡葬服务机构需要加强殡葬文化研究，加强殡葬文化引导，破除殡葬领域陈规陋俗，传承发展优秀殡葬文化，推行厚养薄葬理念，推广文明现代、简约节俭的殡葬礼仪和治丧模式，培育形成新时代殡葬新风尚。殡葬活动与文明城市创建、文明村镇创建和美丽乡村建设相结合，倡导文明节俭治丧、节地生态安葬、文明低碳祭扫，破除丧葬陋俗，树立殡葬新风。结合现代科技，开展追思会、精彩人生"小电影"、植树种花、居家祭奠、网络祭祀等方式纪念逝者。

（四）运用现代科学技术，提升服务管理效能

探索将现代融媒体技术、人工智能、大数据、物联网、5G等新技术应用到殡葬服务与管理中，打造新型的现代殡仪服务模式，推动新能源、新材料、新技术在火化设施设备、可降解殡葬用品、骨灰存放、殡葬礼仪等方面的推广应用。探索建立立体公墓、生态公墓、循环再生公墓、虚拟公墓等新形态公墓，不断开发和拓展祭扫、纪念和传承的多元功能。推动互联网媒介，以追思美文、生前作品、家庭视频等内容介绍逝者的生平或精神世界，引领和满足群众数字化、多样化、个性化的生态安葬需求。利用信息化手段创新服务载体和平台，增强殡葬设施、设备、用品的科技含量，助力服务环保化、智能化。

第二节　服务营销与殡葬服务营销

现代社会经济发展的一个显著特征是服务业的蓬勃兴起，服务营销的重要性日益突出。而殡葬服务的特性决定了殡葬服务营销独特的内涵与特征。

一、服务营销的含义

有专家认为，服务营销就是企业以服务为载体、以心智沟通为手段的一种营销方式。其核心就是通过提供相对规范与完善的服务内容，从而丰富产品的内涵与外延，增加产品附加价值，提升产品层次，提高产品品牌的忠诚度，最终达到刺激消费者重复、持久购买的目的，这也是一种典型的经营人心的艺术。服务营销是企业在充分认识满足消费者需求的前提下，为充分满足消费者需要在营销过程中所采取的一系列活动。它起源于企业对消费者需求的深刻认识，是企业市场营销观的质的飞跃。随着社会分工的发展、科学技术的进步以及人们生活水平和质量的提高，服务营销在企业营销管理中的地位和作用也日益重要。

现实经济生活中的服务可以分为两大类：一类是服务产品，产品为顾客创造和提供的核心利益主要来自无形的服务；另一类是功能服务，产品的核心利益主要来自有形的成分，无形的服务只是满足顾客的非主要需求。有专家认为，在产品的核心利益来源中，有形的成分比无形的成分要多，那么这个产品就可以看作是一种"商品"（指有形产品）；如果无形的成分比有形的成分要多，那么这个产品就可以看作是一种"服务"。

与服务的这种区分相一致，服务营销的研究形成了两大领域，即服务产品营销和顾客服务营销。服务产品营销的本质是研究如何促进作为产品的服务的交换；顾客服务营销的本质则是研究如何使服务作为一种营销工具促进有形产品的交换。但是，无论是服务产品营销还是顾客服务营销，服务营销的核心理念都是顾客满意和顾客忠诚，通过取得顾客的满意和忠诚来促进相互有利的交换，最终实现营销绩效的改进和企业的长期成长。

二、殡葬服务营销的含义与特征

（一）殡葬服务营销的含义

殡葬服务领域是一个独特的领域，既有服务业所具有的一般特征，又具有行业自身独有的特征。殡葬服务营销就是殡葬服务机构以服务为载体，将殡葬文化传承、社会价值理念付诸丧事服务过程中，为客户提供期望或超值的服务，以提高客户的满意度，从而实现价值传播与企业发展的一种社会活动和管理过程。现在，越来越多的殡葬服务机构强调殡葬服务人员要真正树立起视客户为亲人的服务理念，像亲人一样对待客户，像帮助朋友一样帮助客户；视客户为亲人，对客户关怀和体贴，服务中充满人性和温情，使客户感到家庭一样的亲人般的温暖。殡葬服务过程是殡葬服务人员与客户之间感情交流的过程，客户在接受服务的过程中不仅需要得到高品质的技术服务，还需要得到情感上的沟通和精神上的抚慰。参与丧事活动的公众受到社会价值观的教化。

对于殡葬而言，产品是服务的重要部分。在殡葬服务中，虽然离不开丧葬用品等实物产品，但更离不开服务这一外在的良好形式来实现与客户最直接、最便捷、最有效的沟通与交流。同时，殡葬文化的传承、社会价值的传递都要以服务为载体。另外，优质的殡葬服务可以实现口碑传播，建立殡葬服务品牌，达到营销的效果。

【案例】

日本电影《入殓师》中，入殓师用双手温柔地按摩逝者的脸，使其不再那么僵硬从而恢复其自然的样子，并为逝者解开和服的衣带。整个净身、更衣与化妆的过程，都是在逝者亲属屏息静神、目不转睛的注视下进行的。由于入殓师温柔体贴、细致入微的动作，逝者的身体不曾有丝毫暴露。在如此精致细腻如行为艺术般的入殓仪式中，逝者的尊严得到了最高体现，逝者亲属也得到了极大的安抚。

此案例中，工作人员在给客户提供服务的过程中用诚心、真心的人性化服务与客户建立情感联系，从而取得客户的信赖和好评，达到人际传播的效应。这成为殡葬服务营销的典型案例。

（二）殡葬服务营销的特征

殡葬服务不是单纯的服务，它有别于酒店服务、餐饮服务。殡葬服务营销的特征是由殡葬与服务的双重属性决定的。因此，殡葬服务营销既具有一般服务营销的特点，又具有殡葬的特殊性。

1. 社会效益与经济效益的兼顾性

殡葬服务营销要坚持社会效益第一的原则，要讲求社会效益最大化，既包括经济利益，也包括社会利益。在市场经济体制下，效益性是市场的核心原则。殡葬服务机构作为经济实体，在经营中经济效益低下，会影响殡葬服务人员的劳动积极性和殡葬服务机构的生存空间。但是，殡葬服务机构在服务营销中必须坚持经济效益服从社会效益。因为生命权是人权的最基本内容，死亡权是生命权的重要内涵之一，亦即人权的最基本内容之一，具有显著的公益性。而且，殡葬服务市场存在严重的信息不对称，在殡葬服务消费过程中，家属因处于亲人死亡的悲痛之中，很难集中精力了解殡葬服务的价格等信息，故殡葬服务机构不能进行过度营销，说服或诱导家属过度消费。

2. 信息传播的人际性

由于殡葬服务的特殊性，殡葬服务机构的服务信息主要通过人际交流传播。首先，社会大众对殡葬的忌讳，使殡葬服务机构难以通过大众媒体将殡葬服务内容信息传递给社会。其次，服务的无形使得殡葬服务机构较难有效地用媒体广告来传递服务信息。最后，殡葬活动的群体性特征也使殡葬服务机构依赖人际交流传播信息。丧事活动中，逝者及家属的亲朋好友齐聚殡葬服务机构，殡葬服务人员的服务过程就是一次绝佳的展演，殡葬服务机构的信息就可以通过他们传递给社会大众。因此，重视和运用现有顾客的口碑，重视服务过程的人际沟通，包括服务人员与顾客以及顾客与顾客之间的沟通，它是殡葬服务机构信息传播的重要途径。

3. 文化的传承性

殡葬服务具有文化传承性是因为殡葬服务活动是创造和传承殡葬文化的活动。殡葬服务是一整套的知识、习俗、规范、价值观念和思维方式的体系，它反映并受制于社会文化，具体表现在观念、操作、实物之中。任何时候，人们的殡葬服务活动总是自觉或不自觉地受这些文化的影响。比如讣告、悼词、答谢词、祭文等是殡葬服务文化的载体，也是传承逝者精神财富文化的主要方式。殡葬仪式也是一种礼仪、一种文化符号。因此，殡葬服务营销某种程度上就是要传承传统殡葬中蕴含的文化精神、价值理念，吸纳合理形式元素，融汇古今，创制出现代文明的、有节有度的、简朴庄重的殡葬服务，孕育生成我们这个时代的殡葬文化，传承与发展殡葬文化。

4. 社会价值的传递性

价值传递是指在殡葬服务活动中创设一定的条件，使殡葬活动的参与者获得社会文化中种种价值观念的过程和方式。殡葬活动社会价值传递的方式主要有两种。一是把殡葬服务产品或服务项目所蕴含的伦理道德、价值观念等明确地传递给丧事活动的参与者。殡葬活动具有社会教化的功能，但殡葬这种功能的发挥需要以服务或产品为载体，这就要求殡葬产品或服务项目的设计者在设计之初就需要思考这一问题，而殡葬服务人员则在服务客户之前就应该熟悉其内涵，在服务过程中通过解说、场景设置等传递给客户。二是通过殡葬服务人员专业的技术服务、认真负责的态度等传递对生命尊严的守护、对奉献精神的尊重与弘扬，同时也传递着殡葬服务机构的品质。

总之，殡葬服务营销既要充分认识满足客户需求，以优质、文明、标准、温情的服务赢得客户的认可，同时还要把这个行业真正有意义的内容做出来。这个行业最重要的是它的精神功能，抚慰家属，传递社会价值。

三、殡葬服务营销的客观必要性

我国市场已经从表现短缺经济的卖方市场走向相对过剩的买方市场，消费也由温饱消费转向发展消费和享受消费。顾客越来越重视商品和服务的购买与消费过程中是否带来心理上的满足，"满意和不满意"成为顾客购买的标准。企业正由生产密集型向服务密集型转变，服务已成为谋取市场竞争优势的主要战略手段。顾客满意作为服务营销之本，是企业生产或提供服务的直接目标和最终归宿。世界经济已进入了服务经济时代，服务营销的重要性也日益突出。

殡葬行业作为一种特殊行业，长期以来为人们所忌讳。但近十年来，殡葬行业的工作环境、人员素质、服务水平都发生了巨大的变化。近几年来，殡葬行业逐渐放开，越来越多的人开始关注和投资殡葬行业。在促进殡葬行业进步的同时，竞争已经在殡葬行业展开，于是一些营销理念、营销手段也开始在殡葬行业使用。殡葬行业作为一个特殊的服务行业，服务营销是比较理想也是非常重要的一种营销方式。

(一) 市场竞争发展的必然趋势

近年来，随着社会资本被允许进入殡葬市场，催生了大量的殡葬服务机构，殡葬市场供求格局出现了根本性转变，实现了总量基本平衡并相对过剩的宽松局面。于是，殡葬行业中的争夺事件不断见诸报端，殡葬服务机构也纷纷采取"降价销售""让利销售""折价优惠"等办法吸引客户。但事实证明，仅靠这些来促进销售增长，已不切合实际。在殡葬服务机构品质趋同、价格相差无几的情况下，机构能够增加"让渡价值"的只能是周到、实在、方便的服务。

(二) 殡葬服务机构宣传营销的需要

在国外，殡葬行业和其他行业一样，广告也成为殡葬公司宣传营销的重要手段。但在我国，至少目前人们对殡葬行业的广告宣传等还是难以接受。殡葬服务机构在激烈的竞争中想要取胜，就离不开宣传营销。而丧事活动不是单个人的活动，它除了丧户外还有大量的助丧者，具有群体性的特点。因此，可以根据殡葬活动的这一特点以及口碑传播的途径，达到宣传的效果。殡葬行业虽然不能像其他行业一样期望客户再次光临，但客户在得到良好的服务后，可以将其感受告诉给他的亲朋好友，从而达到营销的效果。

(三) 强化殡葬行业职业道德的需要

殡葬行业的发展、殡仪服务水平的提高，离不开良好的职业道德。当前，一些殡葬员工在思想、工作、情绪上存有"惰性"和"得过且过""做一天和尚撞一天钟"的应付思想。一些从业人员不了解殡葬法律、法规，还有些人违背了殡葬员工的职业道德，严重损害了殡葬员工队伍的形象，也给整个殡葬工作带来了诸多的阻力。在市场经济条件下，要使殡葬市场竞争有序，就必须重视殡葬职业道德建设。殡葬职业道德作为殡葬服务机构的经营思想、经营作风和经营行为的规范和准则，其特定内容是以"诚"和"真"表现出来的。"诚"和"真"在殡葬活动中主要体现在殡葬从业人员优秀的品德、良好的服务、透明的商品价格、买卖双方融洽的人际关系等方面。因此，开展服务营销为客户提供优质服务，体现了职业道德的内在要求。

（四）创立殡葬服务品牌的需要

殡葬服务品牌是殡葬服务发展的产物，也是殡葬商业竞争的延续。在买方市场条件下，我国居民的殡葬消费行为日趋成熟。丧户（客户）的质量意识和品牌意识日益增强，殡葬服务机构的品牌忠诚度、形象信任度以及销售服务的满意度，就成为他们购买商品时的重要参考依据，从而迫使殡葬服务机构不得不重视服务品牌的创建。殡葬服务品牌是殡葬服务机构在服务中形成的独特的服务模式，是被社会或客户所认可和信赖的业务技能、接待艺术所产生的一种效应。其特征主要体现于智能型的销售技能、市场型的接待方式、情感型的服务艺术。由于殡葬服务品牌是在以顾客满意为宗旨的具体服务中提炼而成的，要经过"规范服务—承诺服务—优质服务—品牌服务"这样一个较长的发展阶段。一个殡葬服务品牌的创立，可以是几年、几十年，甚至上百年。因此，殡葬服务机构要创立服务品牌，必须坚持不懈开展服务营销，脚踏实地提高服务质量，通过服务营销营造优质服务、特色服务的良好氛围，为创立服务品牌奠定坚实的基础。

课后思考与训练

1. 殡葬服务市场的时代要求有哪些？
2. 请谈谈你对殡葬服务公益性的理解。
3. 你觉得应如何运用殡葬服务营销的特征开展殡葬服务？

PPT课件

第二章
殡葬服务营销的人员

学习目标

1. 掌握殡葬服务人员的基本职业要求。
2. 掌握服务心态的类型。
3. 熟悉服务心态的培养方法。
4. 掌握服务意识的相关知识。
5. 掌握服务意识的培养方法。

思政与职业素养目标

通过学习殡葬服务人员的基本职业要求，培养爱岗敬业精神与积极向上的服务心态。

殡葬服务人员所处的环境、服务的对象都比较特殊，在殡葬服务过程中不仅要遵守基本的职业要求，还要有良好的服务心态与服务意识。因为一个人的心态往往影响其工作状态。拥有好心态，工作才能有好状态。好心态能够调动人的工作积极性，充分开发人的潜能，让人在工作中脱颖而出，成为优秀的职业人士。正如拿破仑·希尔所说的：人与人之间没有太多区别，只有积极的心态与消极的心态这一细微的区别，但正是这一点点区别决定了 20 年后两个人生活的巨大差异。

第一节　殡葬服务人员的基本职业要求

一、爱岗敬业，恪尽职守；热情服务，周到细致

爱岗敬业，恪尽职守：爱岗敬业是对人们工作态度的一种普遍要求，是一种普遍的奉献精神，是从业人员千方百计做好工作的行动指南。认真对待自己的岗位，对自己的岗位负责到底，无论任何时候都尊重自己岗位的职责，在岗位上勤奋有加。只有做到爱岗敬业，才会全身心投入工作中，进而达到乐业、勤业、精业的境界。

热情服务，周到细致：服务不仅是一种满足服务对象需求的活动，还是一个过程、一种

结果。热情服务应突出人性化的特点，在尽最大努力满足服务对象物质需求的同时，还要满足服务对象的精神需求。殡葬服务人员在岗位上要做到热情服务、周到服务、规范服务。在开展殡葬服务活动时，让服务对象感受到每一位服务人员都正在与他们一起分担痛苦，感受到服务人员流露出的善意和关怀。

二、公道正派，按章办事；真诚接待，不欺不诈

公道正派，按章办事：所谓"公道"，就是公平、客观、合理，遵循事物发展和人类社会关系中的基本法则，尊重事物的本来面目；所谓"正派"，就是作风、品行要规矩、光明、严谨，要符合社会大众的道德意识、思维方式和行为方式。作为殡葬服务人员，在从业过程中必须做到以"公"为"道"，不偏不倚，持"正"为"派"。

按章办事就是按照规章制度处理事情。但按章办事不是照搬照抄，不是机械、呆板地执行，而是既要按章办事，又要改革创新。在实际工作过程中遇到的新问题、新困难，要通过改革创新加以解决。当然，这个创新是在制度允许下的创新，是在规范基础上的创新，目的是解决实际问题，推进工作顺利开展。

真诚接待，不欺不诈：接待家属是殡葬服务工作中的重要环节，包括业务咨询、业务洽谈、问题解答等。接待工作水平能够集中反映殡葬服务机构或一个部门的整体形象，能够展示出接待人员的素质和能力，同时对工作开展也具有十分重要的作用。真诚接待，即真心诚意、坦诚相待，以真诚的态度为家属服务，最终获得他人的信任。不欺不诈，即在服务过程中无任何欺骗和弄虚作假的行为，以公正、公开、公平的态度来做好服务工作。

三、善视逝者，尊重家属；人文关怀，排忧解难

善视逝者，尊重家属：在 2008 年的汶川地震中，一支救援队向一位遇难者的遗体深深鞠躬。这就是对生命的敬意，哪怕根本不认识这个人，也不知道他生前做过什么，但我们应该敬重这个人的生命。敬重先人、善视逝者、尊重家属是我们中华民族的传统美德，所以殡葬服务人员在实际工作操作中对逝者必须十分善待、珍视，不可有丝毫亵渎和怠慢之处。在殡葬服务过程中要充分尊重家属的意见，满足家属合情合理的要求。

人文关怀，排忧解难：殡葬服务对象不仅是逝者，同时还包括生者，既要帮助生者置办丧事，也要抚慰生者的心灵，提供悲伤修复服务等。而心灵抚慰、悲伤辅导这类心理、情感方面的服务恰恰是殡葬服务被称为神圣、高尚的原因。作为殡葬服务人员，理应在工作中注重家属的人文关怀，为家属消除忧愁、解决困难，想家属之所想，急家属之所急。

四、钻研业务，争当能手；秉承环保，坚守理念

钻研业务，争当能手：钻研业务是指对工作中的业务问题进行深度的研究探求。作为殡葬服务人员应该了解殡葬服务的基本知识和工作要求。在具体操作中涉及的知识和技能颇多，对于一些特殊案例更要积极钻研，妥善处理。因此，殡葬服务人员要刻苦钻研业务，不断提高技能，争当工作能手。

秉承环保，坚守理念：环保即环境保护，是指人类为解决现实的或潜在的环境问题，协调人类与环境的关系，保障经济社会的持续发展而采取的各种行动的总称。秉承环保理念使人类有意识地保护自然资源并使其得到合理的利用，防止自然环境受到污染和破坏；对受到污染和破坏的环境必须做好综合治理，以创造出适合人类生活、工作的环境。推进文明、环保、生态殡葬是目前殡葬改革的方向，殡葬服务人员在工作中要秉承环保理念，提倡绿色祭拜、生态环保葬等方式。

五、细心操作，不出纰漏；防火防盗，牢记心头

细心操作，不出纰漏：细心操作是指按照操作规程进行操作，细心谨慎，避免因为粗心大意而出现工作纰漏。殡葬服务人员要认真工作，树立起家属是朋友、是亲人的意识，始终站在家属的角度思考问题、办事情。努力使服务结果让家属感到满足、抚慰、感激、信任，努力做到让家属满意。

防火防盗，牢记心头：防火防盗是保证殡葬活动顺利开展的一项基础性工作。在我国，祭奠先人、焚香烧纸经久不衰。特别是清明后，气候干燥、气温升高、大风天气较多，加之地面多为干枯的杂草和树枝，焚香、烧纸极易引发火灾，给人民的财产造成损害。据报道，每年各地在清明节期间都有因为焚烧祭品引发的火灾，有时引发的特大森林火灾给国家和人民群众的财产造成了巨大的损失。由此可见，加强殡葬领域的防火安全工作是非常必要的。

随着市场经济的发展，一些不法分子盗窃逝者的骨灰来敲诈钱财的案件在全国各地经常发生，给殡葬服务机构带来了新的难题。在工作中，殡葬服务人员要严格执行管理制度，应对骨灰领取进行造册登记，配合殡葬管理部门做好骨灰去向的跟踪管理，避免误领、冒领、盗领骨灰的现象发生。

第二节　殡葬服务人员的服务心态

一、服务心态的概念

【案例】

古时候有个佛学造诣很深的人，听说某个寺庙里有位德高望重的老禅师，便去拜访。老禅师的徒弟接待他时，他自恃才学态度傲慢。后来老禅师十分恭敬地接待了他，并为他沏茶。可在倒水时，明明杯子已经倒满了，老禅师却还在不停地倒。他不解地问："大师，为什么杯子里的水已经满了，还要往里面倒呢？"老禅师说："是啊，既然已经满了，干吗还倒呢？"

心态就是一个人对待事物的看法和态度。案例中的老禅师用倒水来寓意人做事应抱有"空杯"的心态。殡葬服务的心态，也就是服务人员在为客户提供殡葬服务过程中的态度，包括对客户、同事、企业的态度。总的来说，心态有两类，一类是积极心态，另一类是消极心态。

二、服务心态的类型

(一) 积极心态

积极心态是指殡葬服务人员对待自身、他人或事物的积极、正面、稳定、持续的心理倾向，是一种良性的、建设性的心理准备状态。积极心态是一种正面的心态，具有"正性"的特点。由于殡葬服务人员每天的服务对象都是丧失亲人的家属，上班所见到的都是生离死别的情景，因此殡葬服务人员在殡葬服务中积极的心态无论是对自己的身心健康还是对服务本身都非常重要。殡葬服务人员要经常从正面去想，从积极的一面去想，从可能成功的一面去想问题。具体来说，可以从以下几个方面努力，逐渐树立积极的心态。

1. 明确性质

殡葬工作不只是处理遗体，更是处理家属的情感，传递社会价值，是社会文明的一部分。虽然目前一些人对殡葬的认识还不到位，但殡葬服务人员应朝以上方向努力。

2. 正视问题

在殡葬服务过程中，可能会面对很多工作难题，要做到不抱怨、不指责。无论从事什么工作，都会遇到这样或那样的难题，不只是殡葬工作所特有。

3. 价值认同

对自己所从事的工作有价值认同是做好工作的前提，虽然殡葬行业还存在不理想的地方，但要坚信"今天一小步，明天一大步"的理念，自我先行。

4. 依靠自我

在殡葬服务工作中积极主动，独立自主，不等不靠，积极主动工作。

5. 勇于担当

有了错误能够承认并纠正，分析原因，查找问题，有针对性地改善服务工作。

6. 冷静从容

由于家属都在经历丧亲之痛，故在工作中遇到问题要能够控制自己的情感，从多角度分析原因，将心比心。

(二) 消极心态

消极心态是指个体因受自身或外在因素影响，不满意自身的条件或能力，进而造成信心的缺失，因此在社会生活中逐渐形成对人的社会生活产生消极影响的心理状态。在殡葬服务中，殡葬服务人员由于受自身或外在因素的影响会产生消极心理状态，常常表现在以下几个方面。

1. 认知偏离

由于殡葬工作容易让人产生负面情绪，从而易使殡葬服务人员对人生产生认知偏离，消极对待人生。

2. 缺乏目标

由于认知的偏差、工作的倦怠，容易导致工作缺乏明确的目标，按部就班，缺乏办事计划性。

3. 因循守旧

对殡葬服务中出现的新技术、新工艺、新理念不能及时接受并主动改变，在殡葬服务中贪图安逸、安于现状，不求无功，但求无过。

4. 埋怨责怪

遇到事情依赖别人，总是从别人身上找原因，信奉"等、靠、要"的消极思想。

5. 缺乏信心

在殡葬服务中自我贬低，怕被别人看不起，不求进取。

6. 半途而废

文过饰非，虚荣自负，固执己见，遇到困难总是退缩，常有"算了""无所谓"的"阿Q思想"。

积极心态与消极心态在每个人身上都有，只是积极心态占据主导地位的人并不否认消极因素的存在，即便是在消极时，他也能很快调整自我，以愉悦的态度走出困境，迎向光明。而消极心态占主导地位的人就很难改变自我，甚至会陷入负面情绪，无法自拔。积极心态与消极心态犹如硬币的两面，所以在看待事物、处理问题时，应考虑到生活中既有好的一面，也有坏的一面，但要强调好的方面，看到将来的美好。

三、积极心态的塑造

人们生活的场景和情景本身是客观的，甚至无好坏之分。很多情况下，人们无法改变这种外部环境，但却可以改变自己的心态。心态变了，人们心中的世界自然会随之改变。因此，需要塑造一些积极的心态。

(一) 主动的心态

目前，殡葬行业的竞争越来越激烈，主动就可以占据优势地位。每个人的事业、人生是主动去争取的。在殡葬服务机构里，有很多的事情也许没有人安排你去做，有很多的职位空缺，如果你主动地行动起来，不但锻炼了自己，同时也为自己争取这样的职位积累了力量。主动是为了给自己增加机会，增加锻炼自己的机会，增加实现自己价值的机会。社会、企业只能给你提供道具，而舞台需要自己搭建。

(二) 双赢的心态

必须用双赢的心态去处理服务人员与殡葬服务机构之间、殡葬服务机构与殡葬产品企业之间、殡葬服务机构与客户之间的关系。不能为了自身的利益而损害殡葬服务机构的利益。没有殡葬服务机构的存在就没有员工（服务人员）的存在，殡葬服务机构没有了利益，员工肯定也会失去利益。同样，也不能破坏殡葬服务机构与产品供应商之间的双赢规则，只要某一方失去了利益，必定就会放弃当前的合作。客户满足自己的精神需求，殡葬服务机构实现自己的经济与社会价值，这也是双赢，任何一方的利益受到损害都会付出代价。

（三）包容的心态

包容是一种可贵的品质。在接受别人的长处时，也要接受别人的短处、缺点与错误，这样，才能真正地和平相处，社会才会和谐。

作为殡葬从业人员，在殡葬服务机构会接触到各种各样的同事或领导，也会接触到各种各样的客户。殡葬服务机构是为丧葬客户提供服务、满足客户需求的，这就要求从业人员学会包容，包容他人的不同喜好，包容他人的挑剔。

（四）学习的心态

殡葬文化博大精深，地方习俗千差万别，服务对象各不一样，殡葬行业新技术、新方法不断涌现，客户要求越来越高，因此要不断学习、提高、创新。学习不只是一种心态，更应该是殡葬从业人员的一种生活方式。

（五）经营者的心态

所谓老板的心态，就是员工要像经营者一样思考，像经营者一样行动。如果具备了经营者的心态，员工就会去考虑企业的成长，用经营者的视角看待自己所做的工作。反之，就会得过且过，不负责任，认为企业的命运与自己无关。这样不仅影响自己工作的积极性，更影响自己看问题的视野，也影响自己的成长。

（六）感恩的心态

一个人本事再大，能力再强，没有舞台也施展不出来。人的才能在工作中施展，殡葬服务机构提供了个人施展才能的舞台。用感恩的心对待殡葬服务机构，就会对公司忠心耿耿，对工作负责；就会热情奔放，激情洋溢，满腔赤诚对待公司，工作主动，少找理由，多出成果。

心存感激更重要的是要在行动上体现出来。感谢公司，就要在行动上响应公司的号召，遵守公司要求，自觉维护公司形象，按公司要求做好服务，为公司的发展献言献策。感激上级，就要虚心向他学习，努力配合他的工作，并不断提高业务技能。越是感恩，得到的会越多。

人是情绪化的动物，积极的情绪会引导人们以正确、恰当的方法做人做事，走向成功；相反，在消极情绪的引导下，人可能会因做错事而追悔莫及。作为殡葬服务人员，情绪容易受环境和服务对象的影响。因此，每一个殡葬服务人员都必须学会做自己情绪的主人，并掌握一些摆脱坏情绪的方法。只有这样，才能避免因不当的发泄给自己和他人造成困扰。

第三节　殡葬服务人员的服务意识

一、服务意识的含义

教育心理学认为，"服务意识"包括服务认识、服务感受和服务行为方式三个层次。殡葬服务意识也不例外。殡葬服务认识是殡葬服务人员对殡葬服务意义的认识。殡葬服务感受是殡葬服务人员在服务认识的基础上通过殡葬服务活动产生的一种内心体验，当殡葬服务认识和殡葬服务感受成为推动殡葬服务人员产生服务行为的动力时，它们便成为服务动机。服务动机通过殡葬服务人员在殡葬服务活动中的服务行为方式来展现，是殡葬服务人员对服务认识的具体表现和外部标志。殡葬服务意识是殡葬服务机构全体员工在与相关的人或企业交往中所展现的热情、周到、主动的服务观念和愿望，它发自殡葬服务人员的内心。

在实际工作中，服务意识有强烈与淡漠之分，有主动与被动之分。这主要是因为殡葬服务人员对殡葬服务的认识程度不同。如果对殡葬服务及其意义认识深刻，其服务意识就会强烈；如果将服务工作与个人才华、人生价值联系起来，将个人利益与公司利益、企业发展联系起来，就会有强烈的服务意识。

大部分殡葬服务人员的工作是需要直接面对客户的，需要换位思考，想客户之所想、急客户之所急。服务意识必须植根于服务人员的思想认识中，只有提高了对殡葬服务的认识，增强了殡葬服务的意识，才能激发殡葬服务人员在服务过程中的主观能动性，这是做好殡葬服务的思想基础。

二、服务意识的维度与原则

（一）殡葬服务意识的维度

1. 准确的服务定位

殡葬服务人员面对的客户在经历丧亲之痛，在为客户提供服务的同时，还要注意做好心理抚慰。

2. 正确的服务理念

尽可能满足客户的需求，并提出合理化建议。当客户不对时，要抱着宽容相处的态度，主动把"对"让给客户，自己承担"错"的责任，"得理"也要"让人"；客户欠妥时，尽量为客人保留面子，采用服务技巧去提示客户（在不损害公司利益和不违背国家法律的前提下）。

3. 良好的服务行为

对殡葬服务机构制定的服务要求、服务准则，服务人员要执行到位。

（二）殡葬服务意识的原则

1. "三全"原则

该原则即殡葬服务机构要有全程（殡葬服务的全过程）服务意识、全员（殡葬服务机构的每个人）服务意识、全方位（殡葬服务的每个方面）服务意识。

2. "零度干扰"原则

该原则即在殡葬服务过程中将客户所受到的干扰减到最小，包括创造无干扰的环境，如讲究卫生、注重陈设、限制噪声等；保持适当的距离，如服务距离、引导距离等；服务无干扰，注意服务时的语言、表情、行为举止等。

3. "三心四声"原则

该原则即在具体服务时殡葬服务机构的服务人员要有"三心"，细心、耐心、同理心；

要有"四声"，来有迎声、去有送声、问有答声、批评无怨声。

三、提升殡葬服务意识

（一）摆正服务心态

虽然殡葬服务有时不被人理解，但殡葬服务人员一定要摆正服务心态，克服心理障碍，做好服务。社会有不同的分工，殡葬服务人员在服务别人的同时，也在接受别人的服务。从某种程度上看，工作的本质都是服务。若服务人员的服务确实还存在不足的地方，客户的意见也是提升服务、改进服务质量的动力和方向。

（二）服务发自内心

服务必须发自内心，否则再多再好的培训、再系统的理论都无济于事。能够解释有关服务的知识和原理，能够提供良好的服务对服务人员来说是必须的，这不足以对服务人员产生持久的影响。乐于为别人服务，客户的感激之情就是服务的源动力。越是对客户好，客户反馈的善意也就越多；反之，得到的是更多的不愉快。

（三）服务源于真诚

由于殡葬的特殊性，客户平时很少关注殡葬，因此，服务人员在服务时要真诚地去关心客户的感受、思考模式与在乎的事，让他觉得自己被重视。当客户在接受服务时感受到被重视，他就会将自己的事分享给他人。真诚地服务时会发现，一切事情都变得简单了，很多问题都容易解决了，再挑剔的客户也会为之感动，最终企业与企业、企业与客户都会成为相互信赖的关系。真诚可以获得客户对企业的信赖，同样也传递着企业对客户的关怀。

（四）服务忌语

一是服务不说"不"。在对客户的服务中，永远不要说"不知道""不行""不要""不可以"。这就要求服务人员必须熟悉殡葬服务的各个环节、有关的业务知识和人员状况。二是不说"这是我们的政策""这不符合我们的规定"。殡葬服务机构制定的各种规章制度是为了更好地服务客户，而不是成为开脱某种行为的依据。

（五）殡葬服务的沟通要点

在殡葬服务沟通过程中要注意如下几点。

用心倾听：仔细倾听客户的诉求。

话语简明：用简单易懂的话语为客户提供有用的信息。

换位思考：站在客户的角度上思考问题，为其提供合适的服务。

区别对待：根据客户的类型（活泼型、权威型、猜疑型等）区别对待客户。

沟通禁忌：据理力争、刻意说服、当场回绝、高谈阔论、背后议论。如果在与客户沟通的过程中犯了这些禁忌，那么将很难取得沟通想要达到的效果。

课后思考与训练

1.请你谈谈良好的服务对做好殡葬服务的重要性。

2.良好的服务意识会为员工带来什么？为企业带来什么？

3.为了培养良好的服务意识，你觉得应该如何做？

4.服务意识自测

下面共有 10 道测试题，每道题的满分是 10 分，你可以在 0～10 分中酌情为自己打分，总分 100 分。请你如实为自己打分。

① 在你的家里，你作为年轻的家庭成员，总能做到尊重、关心、顺从老人，关心老人的心情和健康，让老人高兴，在你的影响下，家庭关系很和睦。

② 只要家里来了客人，你总能主动为客人沏茶倒水，与客人亲切交谈，让客人舒心、随意、高兴。

③ 和朋友们在一起时，你总是主动关心每一个人的冷暖和心情。

④ 在你工作的单位里，你总是乐于关心和帮助同事，谁遇到困难你都能尽力帮忙。

⑤ 你经常称赞和夸奖别人。

⑥ 得到别人的谅解、赞美和帮助时，你总是心存感激之情。

⑦ 走在大街上，有陌生人向你问路，你总是不厌其烦地给他讲清楚。

⑧ 如果有人请你帮忙，而你却无能为力，你内心会感到愧疚。

⑨ 在你从业的零售店铺里，你感到有义务和责任去帮助每一位客人，让他们高兴和满意。

⑩ 你总是能看到别人的优点并欣赏别人。

如果你的总分在 80 分以上，说明你已经很有服务意识了，相信你一定能够成为一位了不起的服务明星。

如果你的总分在 61～80 分之间，说明你只要稍加努力，便会成为服务高手。

如果你的总分在 40～60 分之间，说明你还需要把自己的爱心扩展到更大的范围。

如果你的总分在 40 分以下，说明你需要经过三个月的适应性训练，来培养和提高自己的服务意识。

5.服务意识训练方法

以下训练方法适用于经服务意识自测分数在 60 分以下的人员，训练周期 1～3 个月，训练要求每天坚持，具体如下。

① 每天早起，先调整自己脸部的肌肉，达到微笑状态。

② 每天早起，单独或协助家人准备早点。

③ 准时上班。

④ 在公交车上，只要有机会，就主动为年老体弱者让座。

⑤ 上班后见到每个人都主动微笑并问好。

⑥ 每天上班时用微笑对待每一个人，尽力帮助身边的每一位同事和顾客。

⑦ 每天下班后，跟家人或朋友谈些令人愉快的话题。

⑧ 每周看望一次自己的父母，让他们高兴。

⑨ 当别人和自己意见不一致时，主动采取让步的做法。

⑩ 多挖掘和欣赏周围人的优点和长处，并不吝赞美之词。

只有坚持训练一段时间，你的心态和行为才会演变为习惯。坚持下去，你会收获很多。

PPT课件

第三章
殡葬服务营销的客户

！学习目标

1. 掌握服务期望的相关知识。
2. 掌握服务感知的相关知识。
3. 掌握运用期望与感知知识改进服务的技能。
4. 熟悉运用期望与感知知识进行服务满意度测评的技能。

！思政与职业素养目标

通过了解客户期望，学习客户感知，培养尊重平等、宽容以待的服务精神。

客户的服务期望是指客户心目中殡葬服务机构应该达到的服务水平。殡葬服务机构在为客户提供高质量服务时，了解客户的期望是首要的也是关键的一步。如果不了解客户的服务期望，殡葬服务机构在投入资金、时间、资源上就会带有很大的盲目性，甚至在激烈的竞争中难以生存。客户的感知价值是客户从所购买的产品或服务中获得的全部感知利益与客户为获得该产品或服务所付出的全部感知成本之间的权衡关系，它与客户的服务期望紧密相关。

第一节　殡葬客户的服务期望

每一位客户在购买丧葬用品或接受丧葬服务时都有自己的服务期望，只不过很多时候它是潜在的。殡葬服务机构在提供优质殡葬服务时必须了解客户的服务期望，才能得到客户的认可。下面的小故事有助于理解什么是客户的服务期望。

【案例】

有一位母亲，每天对儿子嘘寒问暖，衣食照顾得无微不至。但是对母亲一切的努力付出，儿子却丝毫没有欣喜之意。

后来，她问儿子：什么样的妈妈是令儿子满意的呢？儿子的回答却出乎她的预料。孩子最喜欢有时间与他聊天、一起玩闹的妈妈，而对于每天照顾衣食的妈妈，他觉得与其他小朋友的妈妈没有任何区别。于是她重新调整定位：留更多的时间陪儿子聊天，而把平时耗时耗力的家务活适当转交给小时工来完成。

从案例可以看出，这位女士虽然为孩子付出了很多，但并没有达到她所期望的目标，根本原因就是她没有了解孩子对她的期望是什么。后来经过了解，发现孩子对她的期望与她想象的并不一样。这位女士最初以"自我"为中心，虽然付出了很多，但并没有得到孩子的认同。因此，当正确找到了孩子的期望所在，采取的行动可能要比原来轻巧得多，而且能获得理想的效果。殡葬服务机构在开展服务时也是如此。

一、殡葬客户服务期望的层次

殡葬客户的服务期望是客户心目中殡葬服务机构的服务应该达到的水平。它是客户的主观期望，没有客观的标准。但总的来说，可以把殡葬客户的服务期望从低到高分成三个层次：基本期望、价格关联期望（与客户消费支出的价格相关联）、超值满足期望（客户通常表达不出这种期望，但乐于接受超过他们预期的服务，并在接受到这种服务时内心充满感激）。

（一）殡葬客户的基本期望

基本期望是指客户认为殡葬服务机构至少应该提供的服务功能，又称为理所当然的服务。殡葬服务机构提供了这些服务功能后，客户不会感到特别满意。但若殡葬服务机构没有提供这些服务功能，客户马上就会感到很不满意。例如，在殡葬服务中，服务过程准确无差错就属于这一类功能。当工作人员准确无差错地完成服务流程，客户也不会特别在意，但如果工作人员在服务的过程中出了差错，客户马上就会不满意，甚至与殡葬服务机构发生矛盾。这是由于在客户看来，这类服务功能是服务机构理所当然就应该提供的。因此，客户基本期望的服务提供得再多，也不会带来客户满意度的增加。

（二）殡葬客户的价格关联期望

这类期望的高低和客户消费支出档次的高低相关联，客户支出得愈多，其期望愈高，反之亦然。在所提供的服务中实现价格关联期望越多，客户的满意程度就越高；反之，如果实现得越少，客户的满意程度越低，甚至引发客户与服务机构之间的矛盾。如普通墓与艺术墓的客户，对服务的期望就不同。艺术墓的客户对服务的期望高于普通墓的客户，对石材、工作人员的态度、墓碑的设计、墓碑周边的环境等都有一定的期望。

（三）殡葬客户的超值满足期望

这类期望是指客户希望得到额外的收获，满足额外的要求。如果服务机构没有提供满足这类期望的服务，客户不会感到不满意，但一旦提供给客户这类超值满足期望的服务，客户往往就会格外满意，内心充满感激。所以，满足这种客户期望的服务又被某些服务管理专家称为提供了具有魅力的服务。由于连客户自己都没有想到或注意到这类期望，所以在市场调查时，客户不会提及或表达出这类期望，一般是在仔细观察了客户使用产品或服务的过程后才发现的。客户的超值满足期望得到满足，哪怕只是多提供了一点点客户意想不到的服务，就会使客户的满意程度明显提升。比如，"您好！是××先生（或女士）吗？我是导购员××，今天是由我专门负责接待您的，有任何问题我都能为您解答"。若第一次见面就能很准确地称呼客户的姓氏，客户就会感到特别的惊讶和感动。这样一句很容易的话，却让客户感受到被尊重，使客户的超值满足期望得到满足。

当然，客户的期望并不是一成不变的，超值满足期望可以转化为基本期望，超值满足期望服务时间久了或超值满足期望服务为大多数服务机构所采用时会使客户满意的程度下降。此时，这种曾起着达到超值满足期望的服务将降为只能起到满足客户基本期望的服务。殡葬服务机构的管理者应当根据这种变化，不断进行服务内容、方式的调整，以满足客户的期望。

二、影响殡葬客户服务期望的因素

（一）客户的性格特点及背景

人的性格千差万别，受到不同的社会背景、家庭条件、历史文化、地域环境、教育和成长经历的影响。简单来说，有些客户天生比较挑剔，或者对特定的事物非常挑剔，表现为对服务的要求过分强调；反之，有些人性格温和，服务的期望比较低，比较容易得到满足。客户的背景还包括对服务的认知、动机、态度和价值观等内容。

（二）客户的需求

在殡葬服务过程中，客户对服务的需求是多元的，如精神的、心理的、社会的和功能性的等。但是，在接受服务时，对服务质量的判断起最重要作用的可能是其中的一个或几个需求，而且客户的需求有主、辅之分。一般来说，客户对满足主需求的服务期望较高，而对满足辅需求的服务期望相对较低。

（三）殡葬服务机构的口碑

殡葬服务机构的口碑越好，客户的服务期望也会越高。特别是客户已经享受过的某种服务，知晓的客户一定会有着相应的要求。比如口碑较好的殡葬服务机构，工作人员只要稍微怠慢客户，就有可能引起客户的不满；工作人员稍微有不规范的举动，客户就会感觉服务差。而一般的殡葬服务机构，即使工作人员有一些不太规范的言行，客户也可以接受。这是由客户对不同口碑的殡葬服务机构的满意期望不同所致的。

（四）殡葬服务机构的承诺

殡葬服务机构的服务承诺是服务销售之前给客户的保障项目的承诺，是以客户为导向制定的。其对客户的预期有引导性，与最终服务执行的结果必然形成比较，很大程度上影响着客户对服务质量的评价。服务机构不可不切合实际地制定过高的服务承诺，也不可承诺与机构形象不符的项目，还不能承诺成本过高的项目。

（五）可感知的服务替代物

客户感知到的服务替代物越多，即挑选服务提供者的余地越大、自由度越高，他们对所选择的服务提供者的服务水平要求越高。相反，客户在没有多少选择余地的情况下，对服务的期望就较低。

（六）客户的投射心理

客户的投射心理是指个体依据其需要、情绪的主观指向，将自己的特征转移到他人身上的现象。它扭曲了客体的真实面貌，形成了对客体的错误认知图式，使得认知中的客体不是像客观中的客体，而是越来越像个体本身。一切殡葬中的禁忌均源于人们的投射心理，人们将发生的一些事视为"坏兆头"，为之心怀惴惴，丧事更是为人们所忌讳。一般来说，投射心理越重，对服务的期望越高；投射心理越轻，对服务的期望越低。

三、了解殡葬客户服务期望的途径

了解客户期望的途径很多，作为殡葬行业，其途径主要有以下几种。

（一）问卷调查或访谈

问卷调查或访谈是了解客户期望最常见的方式。其优势主要有：一是时间灵活，效率高。问卷可以当场发给被调查者，也可以通过邮寄或者网络的方式对远距离的多方面的被调查者进行调查，既能获得大量信息，又能节省时间和经费。二是取样不受限制。与观察、访谈等方法相比，问卷调查的样本大小不受限制，完全可以根据抽样的科学要求和实际情况，确定调查样本的容量，可以选取大样本，也可以选取典型样本。三是调查者和被调查者无须面对面接触，具有一定的回避效果。问卷调查一般不署名，被试回答问题没有更多的心理负担，容易获得被试的支持，易使结论比较客观。

要注意设计的题目不要太多，要富有意义；表述要简单、明确、通俗；题目设置不要带有倾向性、暗示性。其最大弊端是被调查者填答问卷时可能出现估计作答或回避本质性问题的现象，影响信息的准确性，因此最好与其他方式配合使用。

（二）客户的批评、抱怨或表扬

殡葬服务人员在带领客户办理业务或服务的过程中，要特别注意客户的批评与抱怨。虽然客户的性格各异，素质层次不尽相同，稍有不慎就会引起客户的不满，但是他们的不满意正说明服务人员的工作没做到位。遇到这种情况，要耐心聆听他们的批评和抱怨，让他们把心里话说出来。有批评与抱怨说明他们对提供的服务有一定的期望和信赖，"有希望才有失望，有失望才有意见"。批评可能听起来逆耳，但却是一种发自内心的信息，一种珍贵的获取建议、方法的信息，这正是客户服务期望的表达。

表扬也是客户表达期望的一种途径，说明服务人员所做的服务正是他们所需要的，作为服务机构应仔细分析客户表扬中所表达的期望，并将这种期望转化为服务机构的服务标准。

（三）客户常提的问题

殡葬服务人员在与客户接触或服务的过程中，客户会提出这样或那样的问题，这些问题都是客户接受服务时所关心的，其中包含大量客户期望的信息。殡葬服务人员或部门负责人可进行不定期的总结，了解客户需求，改进相关服务，提升服务水平。

了解客户期望的途径除了以上三种外，还有专家咨询法等。在了解不同客户的需求和期望时，应采取有针对性的方法，否则难以了解到真实准确的信息。

四、依据殡葬客户服务期望开展服务

客户对服务的期望千差万别，它受多种因素的影响，如年龄、性别、性格等，但他们也有很多基本相同的期望。一般来说，殡葬行业的客户的服务期望有：服务过程准确无差错；服务时间适当；价格合理，功能符合需求；服务人员脾气好，耐心解答疑问；服务人员有专业的知识；不只是口头保证，要有实际行动；快速处理意见、投诉；服务人员主动服务；有人正确引导；产品质量可靠；等等。

了解到殡葬客户期望以后，就可以根据客户的期望改进或设计服务。以服务时间适当为例。服务时间可以细分为三种，一是服务时间以长为宜，即客户希望殡葬服务机构提供服务的时间越长越好，也就是客户随时都可以办理相关业务。为此，有的服务机构提供 24 小时服务。二是服务过程时间适中，每一个具体的服务项目，其时间过长或过短都会引起客户的不满，如礼仪服务、化妆服务等多长时间比较合适，这是殡葬服务机构需要考虑的。三是服务等待的时间越短越好，但在实际服务过程中有的环节是无法缩短时间的，解决这一问题可以利用客户的时间感。例如，一般遗体火化需要 30～40 分钟，可以在这段时间内安排一些事情给客户，让其感受的等待时间并不长。

第二节　殡葬客户的感知价值

许多殡葬服务机构逐渐认识到服务质量的重要性，并对服务质量不遗余力地加以改进，但实际上对服务质量的内涵却不一定真正了解。如果只是片面地强调服务质量，而对服务质量是如何被客户感知以及客户期望什么样服务的问题不加以界定，仅仅强调质量的改进与提高是没有意义的，它可能只是一个口号。把握客户的期望与感知，使客户在接受服务的过程中真正感到满足，达到他们的服务期望，是殡葬服务机构实施服务战略过程中需要关注的问题。

一、殡葬客户感知价值的含义与衡量

殡葬客户感知价值是指殡葬客户购买服务后对殡葬服务机构所提供的服务的感觉、认知和评价。了解客户对服务的感知价值至关重要，因为客户对服务质量的判断以及对服务的满意程度都来自客户对服务的感知，只有能被客户感知到的服务才是殡葬服务机构真正应该关注和改进的重点。客户感知价值主要由以下五个维度来评定。

（一）可靠性

可靠性是殡葬服务质量感知最重要的决定因素。在殡葬服务中，可靠性既是客户的基本期望，也是构建诚信殡葬的重要内容。可靠性被定义为准确可靠地执行所承诺的服务的能力。从更广泛的意义上说，可靠性意味着殡葬服务机构按照其承诺行事。如提供 24 小时的殡仪服务，随叫随到；提供优质、无误的服务；收费价格公开等。客户喜欢与信守承诺的殡葬服务机构打交道，特别是那些能信守关于核心服务方面承诺的殡葬服务机构。所有的殡葬服务机构都需要意识到客户对可靠性的期望，如果给客户提供与感知不相符的核心服务，会直接导致客户期望与感知的失衡，甚至引发冲突。

（二）响应性

响应性是殡葬服务机构为客户及时提供便捷服务的自发性。该维度强调的是回应客户的要求、询问、投诉问题时的专注和快捷。响应性的优劣主要体现在，客户诉求发出后客户获得帮助、询问答案及问题解决前等待时间的长短上，等待时间越短越优。响应性也包括为客户提供其所需服务的柔性和能力。如果想要在响应性维度上做到优异，殡葬服务机构就必须从客户角度而不是从自身角度来审视服务传递及处理客户要求的流程。

（三）安全性

安全性是用来衡量殡葬服务人员的专业水准和谦恭态度，及其使客户信任的能力的标准。该维度显得格外重要，客户对服务质量的信任主要是通过与客户进行直接服务接触的殡葬服务人员建立的。殡葬服务机构尽量在关键的一线人员与客户之间建立信任与忠诚。

专业水准不会靠服务人员自己说而显现，也不会因为殡葬服务工作而自显。除了服务过程中的专业技能外，还可以从以下几个方面体现：丧事活动安排的周密性，如逝者的出殡时间，按照出殡的时间是否需要冷藏遗体，出殡当天逝者的形象，会场布置，棺木和骨灰等方面的处理细节，等等；家属情绪疏导，要全身心地了解逝者家属的心情，尽最大努力减少家属悲痛的心理，安慰好逝者家属；随时沟通问题，协助逝者家属安排好当天丧宴，要做好对家属的心理疏导，以免家属因悲伤过度导致场面出现混乱；殡葬活动结束之后对家属进行安慰，逝者家属必定沉浸在失去亲人的痛苦情绪中不能自理，所以告别仪式结束以后，可以把有特别悲伤情绪的家属安全送到家，以示安慰。

（四）移情性

移情性考察的是殡葬服务机构给予客户的关怀和个性化服务的程度。移情性的本质是通过个性化或者客户化的服务，使每个客户感到自己是唯一和特殊的。客户想要得到向其提供服务的机构对他们的理解和重视。比如，殡葬服务机构的服务人员记住客户的姓名，并且很了解客户的个人需要和偏好。当殡葬服务机构之间展开竞争时，移情能力可能使其具有明显的优势。

【案例】

每天早上，某殡葬服务机构话务室的工作人员都会传一张小纸条给公司导购部的主管，然后由主管将这张小纸条上的内容告诉导购部的全体工作人员。其中的内容就是当天所有来选墓的客户资料及到园时间。每次来选墓的客户一到这家殡葬服务机构，导购员就会上去迎接，并总是能亲切地跟客户打招呼："您好，是××先生（或女士）吗？我是导购员×××，今天是由我专门负责接待您的，有任何问题我都能为您解答。"

每当对客户说出这句话并且其他的导购员也能很准确地称呼客户姓氏的时候，客户会感到特别惊讶和感动。这样一句很简单的话，让客户感受到被尊重，同时也产生了亲切感。

（五）有形性

有形性体现了一切与为客户提供服务有关的有形物质，包括建筑、设备、人员、工具等。所有这些都是客户用来评价服务质量的最直观标准。尽管有形性经常被殡葬服务机构用来提高形象、保持一致性以及向客户表明质量，但是大多数殡葬服务机构还是会把有形性和其他质量维度结合起来，建立更加完整的服务质量战略。因为，硬件的升级终归是有限的，无形的服务才具有更大的发展余地和更明显的异质性。

二、客户感知与期望失衡的差距分析

（一）忽视客户的需求与期望

不了解客户期望是无法达到客户期望的根本原因，客户期望与殡葬服务机构所理解的客户期望之间是有差距的。出现差距的理由很多，包括没有与客户进行直接交互、不愿探询客户期望或还没做好与客户进行谈话的准备。当有权力与责任来决定优先顺序的人员不能够完全理解客户的服务期望时，他们可能会引发一系列的错误决策与次优资源配置，最终导致低劣的服务质量感知。

（二）需求转换过程中的偏差

殡葬服务机构将客户需求转换成服务品质或标准的过程中产生了偏差。对客户期望进行准确的描述对于实现高质量的服务来说必不可少，但这远远不够。其中必不可少的条件是列出用以准确反映认识的服务设计和服务绩效标准。当殡葬服务机构对客户期望的理解与确定客户导向的服务设计、服务标准存在差别时，其标准就不能完全反映或低于客户的服务期望，从而造成客户感知与期望失衡。

（三）服务标准强化过程的缺失

服务标准强化过程的缺失是指以客户为中心的服务标准开发与实际服务执行之间的差距。即使制定了提供良好服务和正确接待客户的指导原则，高质量的服务绩效也未必能水到渠成。服务标准的实施必须有适当的资源支持，包括人、系统和技术，而这些支持必须行之有效。也就是说，对殡葬服务人员要进行培训、激励和绩效衡量，并按照员工在各项服务标准上的表现进行奖惩。如果殡葬服务机构不能为服务标准提供支持——未能提供方便、鼓舞士气、实现目标的资源，即便标准能准确地反映客户的期望，也无济于事。

（四）服务传递与客户认知错位

殡葬服务机构通过各种媒介、服务人员和其他沟通途径所做的服务承诺可能会潜在地提高客户的期望，即提高客户预想的服务质量的标准。服务承诺与真实服务之间的差距会加大客户感知的服务质量的差距。很多原因会导致殡葬服务机构违背服务承诺：无效的沟通、服务人员过度承诺、服务运营与营销之间的不协调、各个服务岗位之间的政策和程序不一致等。

三、平衡客户感知与期望的对策

(一)了解客户需求

了解客户服务需求是殡葬服务机构参与市场竞争、满足客户服务期望的前提。全面掌握市场信息有助于缩小差距,这就要求殡葬服务机构倾听客户的需求,制定有效倾听的策略和采用有效倾听的方式。如通过客户的抱怨和表扬、满意度调查结果、业务监控等来收集客户对机构运营的反馈,真实、客观、全面地收集客户的声音;也可以建立客户数据库,利用信息技术大量收集客户信息。

(二)提高服务标准

殡葬服务机构应根据客户的要求,确定服务质量标准,要求员工按照服务质量标准为客户提供始终如一的优质服务。当然,殡葬服务质量最主要是受服务标准的影响,这些标准用于评价和改进服务质量。标准可向服务人员显示服务中最为重要的准则,以及真正有意义的行为。不过,客户定义的标准与大多数服务工作中定义的常规活动标准不同,后者称为企业定义的标准。客户定义的标准以关键型客户需求为基础,其需求面向客户并由客户衡量。设立这些标准不是为满足企业的需要,而是为满足客户的期望和优先权。当标准准确反映出客户期望时,客户得到的服务质量就可能提高。

(三)建设以服务质量为中心的管理文化

殡葬服务机构应该完善管理体制,发挥员工作用,强化服务标准的实施。管理人员高度重视服务质量是优质服务的关键。管理人员必须加强服务文化建设工作,使优质服务成为全体员工的共同价值观念、信念和行为准则,激励全体员工为客户提供优质服务。要求员工尊重客户,管理人员必须首先尊重员工;要求员工为客户提供优质服务,管理人员必须首先为员工提供优质服务。管理人员应关心员工的生活,改善员工的工作条件,降低员工的劳动强度,提高员工的经济收入,增强员工的归属感。

(四)重视外部承诺在质量管理中的作用

要解决服务传递与客户认知错位,就需要发挥外部承诺在质量管理中的作用。殡葬服务机构应该努力控制客户的心理预期,一方面要使客户对产品形成较高的心理预期,另一方面要使客户保持已经形成的较高的心理预期。这就要求殡葬服务机构要保证自己产品的质量,但又不能过度承诺。既要充分突出自己产品的特点,使客户对产品形成恰当的心理预期,又要真实,不夸大其词,避免客户对产品形成过高的心理预期。

(五)服务补救

服务补救是指殡葬服务机构在对客户提供服务出现失败和错误的情况下,对客户的不满和抱怨作出补救性反应,并通过这种反应重新建立客户的满意和忠诚。殡葬服务机构不仅要被动地听取客户的意见,还要主动地查找那些潜在的服务失误。

四、增加客户感知的方法

(一) 加强客户行为管理

在面对面的殡葬服务过程中，忽视对客户的管理是不可能从根本上改进服务质量的。加强服务过程的质量管理，必须围绕着客户这个中心来展开。在殡葬服务过程中，客户高度参与服务过程，使殡葬服务机构不得不面临许多难以控制的随机因素。客户在接受服务过程中，他们必须为服务人员提供必要的信息，配合服务人员的工作，才能获得优质服务。有时，他们还必须亲自动手，为自己服务。因此，客户在整个服务过程中相当于一个"兼职员工"，他们渴望享受完美的服务，却有时根本不了解自己在"生产"完美服务中的职责。当出现问题时，客户往往责怪的不是自己，而是认为这家殡葬服务机构的服务质量太差。

加强客户行为管理的目的是帮助客户正确地享用服务，使他们获得更多的服务利益和更大的服务价值，从而提高客户感知中的整体服务质量。在殡葬服务过程中，殡葬服务机构对客户的行为管理应从引导、防止、杜绝三个层面入手。首先，殡葬服务机构应引导客户正确扮演自己的角色。其次，由于客户对某一服务的满意程度不仅受殡葬服务机构和服务人员的影响，而且受其他客户的影响，因此殡葬服务机构除了加强对客户的行为管理，还必须防止客户之间相互的不良影响。最后，对于极个别客户特别恶劣的行为，殡葬服务机构应坚决予以制止。

(二) 用好客户的时间知觉

心理学家把客观时间在心理上的反映称为时间知觉。心理学家通过研究发现了一些基本的规律，如人们经历的事情内容充实有趣，时间体验会快一些；人们经历的事情内容单调乏味，时间体验会变慢。客户在接受服务时，必然伴随着时间体验。客户对时间知觉的结果，影响客户的态度和满意度。殡葬服务机构要研究客户的时间体验及其规律，有目的地控制服务流程中的时间要素，以贴近客户的主观时间期望，最终提高客户的满意度。

1. 可用的服务时间以稍长为好

殡葬的特殊性很多，其中服务时间与其他行业有很大的不同，而且各地都有一定的讲究。如有的地方骨灰安葬必须在中午 12 时以前，所以上午特别繁忙，而下午几乎无事情可做。对于客户而言，最好是服务机构随时都能提供服务。虽然有的殡葬服务机构开通了 24 小时服务电话，但员工上班的时间还是早上 8 点，而此时已有很多客户在等待。有的殡葬服务机构根据实际情况早上 7 点上班，下班时间稍微提前。显然后一种客户的满意度要高。也就是说，殡葬服务机构的服务时间应根据当地风俗制订，而且服务时间以稍长为好。

2. 服务流程的时间以短为好

这就要求在设计服务流程的时候要以客户为中心，服务流程要使客户所走的路程和花费的时间最短。为了提高客户在流程时间方面的满意度，可以运用一些服务策略和技巧。一是利用心理学原理，增加流程时间中的服务内容，缩短客户的时间知觉。如为了缩短客户付款时的时间知觉，在等候处提供免费茶水、座椅、电视节目等；火化时间比较长，可以将选骨灰盒的业务安排在火化时间。二是制定规范化、标准化的服务体系，按照客户时间期望制订最佳的服务流程时间。如客户排队等候的时间不得超过15分钟等。

3. 服务过程的时间以适当为好

如果服务过程的时间过短，客户会产生被敷衍的感觉。如有的殡葬服务机构在为逝者化妆时两三分钟就完事，化完后马上将遗体推出去；有的殡葬服务机构提供的大厅礼仪服务时间与小厅根本没区别，是否可以考虑在大厅增加一点服务项目，延长服务的时间，使客户感觉到"价有所值"。

（三）加强有形展示的管理

曾有营销学家指出："一种物质产品可以自我展示，但服务却不能。"虽然服务是无形的，但是有关殡葬服务的证据（如服务的工具、设备、设施、员工、信息资料、价目表等）是有形的，这些有形的证据总会传递一些信息，帮助客户理解、感知、推测服务质量。在实践中，殡葬服务机构的管理者必须高度重视对有形证据的管理，确保有形证据正确反映本机构的档次和形象，确保有形证据引导客户对本机构的服务质量形成合理的期望，进而极大地提高客户对本机构整体服务质量的感知。

第三节　殡葬服务的客户满意度测评

殡葬服务满意度是体现殡葬服务质量的重要内容，也是殡葬服务机构不断改进服务的主要依据。因此，殡葬服务机构要从自身的服务定位出发，仔细研究满意度测评的相关内容，为机构发展提供科学依据。满意度测评的信息来源主要有三个方面：一是殡葬客户对服务的投诉或表扬；二是殡葬服务机构所做的服务回访；三是殡葬服务机构进行的满意度测评调查。满意度调查是满意度测评最主要的信息来源，下面以此为重点来谈谈殡葬服务满意度的测评。

一、调查对象

在殡葬服务中，不同的客户事前对殡葬服务机构的期望是不同的。有的客户容易满意，有的客户却不容易满意。因此，在测评服务满意度时，仅调查少数人的意见或是只调查某一方面都是不够的，必须以多数人为对象进行较全面的调查，然后再将结果平均化。可以对以下几类对象进行调查。

（一）现实客户

殡葬服务满意度测评的对象一般是现实客户，即已经接受过本服务机构的商品和服务的现实客户。在市场竞争环境下，一些殡葬服务机构不是因为接待的客户过少而失败，而是因为未能给客户提供满意的服务而使客户流失。因此，测评并提高现实客户的服务满意度非常重要。它投入少，但效果很明显，因为它容易形成口碑，带来同心圆效应。

（二）殡葬服务使用者和购买者

目前，有的殡葬服务机构开展生前契约或预售服务。在传统殡葬习俗里也有提前准备寿服、寿棺等情况，这样就需要预先明确殡葬服务满意度测评是以商品或服务的最终使用者还是以实际购买者为测试对象。由于商品或服务的性质不同、购买者与使用者不一，因此这两者经常存在差异。以购买者为测试对象，是普遍的做法。

（三）殡葬服务机构内部客户

殡葬服务满意度测评不仅包括传统的服务对象（外部客户）的调查，还要包括企业内部客户的调查。在很多殡葬服务机构中，由于没有树立内部客户的观念，各部门之间的隔阂很严重。各部门的员工对外部客户的需求很重视，却忽视了上下线其他部门中的内部客户，互不合作等情况时有发生。实际上，殡葬服务机构作为提供殡葬产品和服务的整体，内部各部门彼此之间也应该以对待外部客户那样的方式相待。只有整个流程中的各部门都能为其他部门提供满意的产品或服务，才有可能最终提供给客户（消费者）满意的产品或服务。

二、测评内容

殡葬服务满意度是衡量客户满意程度的量化指标，由该指标可以直接了解服务机构或产品在客户心目中的满意度，是客户建立在服务期望与服务感知基础上对产品与服务的主观评价。一切影响服务期望与服务感知的因素都可能影响客户满意度。从服务机构到服务的各个方面分析，客户满意度的测评内容有以下几个方面。

（一）服务机构因素

1. 服务机构形象

殡葬服务机构是殡葬产品与服务的提供者，其环境、形象、品牌、公众舆论等内在或外部的表现都会影响客户的感知。如果殡葬服务机构给客户一个很恶劣的形象，则很难使客户对其服务产生积极的评价。

2. 服务支持系统

殡葬服务机构的销售与服务体系是否一致、简洁，是否能为客户带来方便，售后服务时间的长短，服务人员的态度、响应时间，投诉与咨询的便捷性等都会影响客户的满意度。客户期望事情能进展顺利并且殡葬服务机构能遵守承诺，如果这种愿望未能得到满足，客户就会产生不满和失落。很多殡葬服务机构都是在这个方面失败的，因为他们不能信守承诺，无法更好地满足客户对服务外在或内在的期望。而如果殡葬服务机构高标准地满足服务，甚至超越了客户对服务本身的期望，就会获得积极的评价，取得令人羡慕的优势。

3. 服务互动沟通

客户期望能很方便地与殡葬服务机构沟通，特别是客户对殡葬服务机构有需求时，这也能提升客户的满意度。如果有些客户吹毛求疵，则殡葬服务机构的服务人员应该耐心地提供服务，保持积极的态度，并提供客户所需要的组织支持。在知晓客户的要求之后，在随后的服务中改进服务。

（二）产品因素

1. 产品之间的比较

本企业产品与竞争者的同类产品在功能、质量、价格方面进行比较，如果有明显优势或个性化较强，则容易获得客户满意。

2. 产品的文化属性

殡葬产品的消费在本质上是一种精神文化消费，这种文化解释得越清楚、越符合客户心理需求，则客户越容易满意。

3. 产品包含的服务

如果产品包含的服务较多，销售人员做得不够，就难以取得客户满意。而不含服务的产品只要主要指标基本合适，客户就容易满意。但如果本企业产品与其他企业的产品差不多，服务也不好，客户就很容易转向他处。

4. 产品的外观因素

产品外观应设计细致，更多地体现文化或情感内涵的元素，有利于客户使用并且能体现其价值，就会使客户满意。

（三）客户因素

1. 情感因素

在对客户的访谈和调查中，客户经常会描述服务提供者带给他们的感受如何。结果发现，很少有殡葬服务机构对自己员工给客户的感受给予特别的关注。事实上，很多服务经历使客户对殡葬服务机构产生不好的感觉。也有一些经历可以让客户对殡葬服务机构产生好的感觉，但这样的经历可能会很少。

2. 消费后的投诉率

投诉率是指客户在消费殡葬服务机构提供的产品或服务之后产生投诉的比例。客户的投诉是不满意的具体表现，通过了解客户投诉率，就可以知道客户的不满意状况，所以投诉率也是衡量客户满意度的重要指标。投诉率不仅包括客户直接表现出来的显性投诉，还包括客户存在于心底未表达的隐性投诉，因此了解投诉率必须直接征询客户。

3. 对价格的敏感度

客户对产品或服务的价格敏感度也可以反映客户对某产品的满意度。当产品或服务价格上调时，若客户表现出很强的承受能力，则表明客户对该产品或服务的满意度很高。

4. 向他人的推荐率

客户是否愿意主动推荐和介绍他人购买或者消费，也可以反映客户满意度的高低。客户如果愿意主动介绍他人购买，则表明他的满意度是比较高的。

三、测评程序

（一）明确目的

明确目的是进行客户满意度测评的第一步。由于殡葬服务机构的产品与服务相对稳定，而客户却处于不断变化之中。因此，殡葬服务机构的产品（含服务）与市场需求往往不能互相适应。这种不适应性在经营过程中会逐渐显现出来，而且大多数情况下会经由客户的不满意评价凸显出来。因此，必须找出造成这种不适应性和客户不满意的原因，这就是要研究并解决的问题。问题明确了，目的也就可以确定了。

（二）制订测评方案

殡葬服务满意度调查是一项系统工程。为了在调查测评过程中统一认识、统一内容、统一方法、统一步调，圆满完成任务，在具体开展调查工作以前应该根据测评目的、调查对象的性质，事先对整个调查工作的各个阶段进行通盘考虑和安排，制订出合理的实施方案。整个调查工作的成败，很大程度上取决于所制订的方案是否科学、系统、可行。具体的测评方案一般需要说明以下几个方面的内容。

1. 说明调查目的

指出该项调查的背景、想研究的问题和可能的几种备用决策；指明该项调查结果能给服务机构带来的决策价值、经济效益、社会效益，以及在理论上的重大价值。例如，客观地、科学地、系统地评价客户对产品或服务的满意度，制订相应的改进措施，完善客户服务体系，提高客户服务水平。

2. 确定调查内容

开展服务满意度调查研究，必须制订出服务满意度调查的内容。不同的服务机构、不同的服务拥有不同的客户。不同群体的客户，其需求结构的侧重点是不同的。例如，有的客户侧重于价格，有的侧重于服务，有的侧重于性能和功能等。一般来说，调查的内容依据调查问题和调查目的所必需的信息资料来确定。

3. 确定调查对象

在殡葬服务满意度调查中，调查对象包括从前的客户、当前的客户、潜在的客户等不同的范畴。可以是殡葬服务机构外部的客户，也可以是内部的客户。如果客户较少，应该进行全体调查。但对于大多数殡葬服务机构来说，要进行全部客户的总体调查是非常困难的，也是不必要的，因此可以进行科学的随机抽样调查。在抽样方法的选择上，为保证样本具有一定的代表性，可以按照客户的种类进行随机抽样。

4. 选择调查方法

在确定研究方式上，定量调查可以采取的方式包括：面访（包括服务现场访问、入户访问）、电话调查、网络调查等。入户访问的要求比较高，要求知道所有客户的住址，访问成本也是最高的。电话调查需要知道客户的电话，没有电话联系方式的客户则会被排除在调查范围之外，回答者的构成可能与实际客户样本的构成不一致。

5. 说明调查时间进度和经费开支情况

在实际的调查活动中，根据调查范围的大小，时间有长有短，但一般为一个月左右。费用也有多有少，不能一概而论。基本原则是：保证调查的准确性、真实性，不走马观花；尽早完成调查活动，保证时效性，同时也节省费用。时间的安排一般按照整个测评活动的准备、实施和结果处理三个阶段来规划，经费预算也基本上遵循一定的原则。

（三）量化客户满意度指标

客户期望、客户对服务的感知、客户对价值的感知、客户满意度、客户投诉和客户忠诚度都是不可以直接测评的，需要对这些隐性变量进行逐级展开，直到形成一系列可直接测评的指标。这些逐级展开的测评指标构成了客户满意度测评指标体系。客户满意度测评的本质是一个定量分析的过程，即用数字去反映客户对测量对象的属性的态度，因此需对调查项目指标进行量化。客户满意度测评了解的是客户对产品、服务或殡葬服务机构的态度，即满足状态等级。一般采用五级态度等级：很满意、满意、一般、不满意、很不满意，相应赋值为"5、4、3、2、1"。

一般而言，"很满意"表明产品或服务完全满足甚至超出客户期望，客户非常激动和满足；"满意"表明产品或服务的各方面均基本满足客户期望，客户称心如意；"一般"表明产品或服务符合客户最低的期望，客户无明显的不良情绪；"不满意"表明产品或服务的一些方面存在缺陷，客户气愤、烦恼；"很不满意"表明产品或服务有重大的缺陷，客户愤慨、恼怒。对不同的产品与服务而言，相同的指标对客户满意度的影响程度是不同的。相同的指标在不同指标体系中的权重是完全不同的，只有赋予不同的因素以适当的权重，才能客观真实地反映客户满意度。权重的确定可采用德尔菲法：邀请一定数量的有关专家分别对调查的每一项内容进行分析，并请他们将各自的权重结果发送给调查者，调查者将综合后的结果再返还给专家，专家利用这一信息进行新一轮的分析。如此往返几次，一直到取得稳定的权重结果。

（四）问卷设计

它是整个客户满意度测评中的关键环节，测评结果是否准确、有效，很大程度上取决于此。问卷的基本格式一般包括介绍词、填写问卷说明、问题和被访问者的基本情况。客户满意度测评与一般的市场调查有一定的共性，同时也具有其特殊性，这种特殊性是由客户满意度测评体系的要求所决定的。除了满足一般问卷的要求外，还必须满足客户满意度测评体系的要求。测评问卷中的问题以测评体系中的三级指标为基本的逻辑框架，并将其表述为问卷中的具体问题，同时还应该按照问卷设计的方法和原则来进行问题的设计。

（五）实施调研

一旦问卷、研究方法设计完毕，研究人员必须实施调研，收集所需的信息。客户满意度数据的收集可以是书面或口头的问卷、电话或面对面的访谈，若有网站，也可以进行网上客户满意度调查。调查中通常包含很多问题或陈述，需要被调查者根据预设的表格选择问题后面相应的答案。有时候可以让被调查者以开放的方式回答，从而能够获取更详细的资料，能够掌握关于客户满意度的有价值的信息。调查法使客户从自身利益出发来评估殡葬服务机构的服务质量、客户服务工作和客户满意度。

（六）分析处理数据

1. 整理数据资料

对收集回来的数据资料，应首先进行数据资料的确认，这是保证调查工作质量的关键。也就是说，为了保证资料的准确、真实和完整，调查问卷或者其他数据收集工具将接受检查，检查其中是否存在冗余、不完整或者其他无用的回答，以及模糊和明显不相容的情况。若问卷是合格的，可以接受；若问卷是不合格的，必须作废。为了统计分析的方便，还需把原始资料转化为符号或数字，使资料能够标准化，也就是为客户的回答分配一系列的数字，即编码。

2. 分析数据资料

为了客观地反映客户满意度，殡葬服务机构必须运用科学有效的统计分析方法来分析适当的客户满意度数据，以证实质量管理体系的适宜性和有效性，并评估可以持续改进的地方。

数据分析包括定性分析、定量分析，或者二者兼有。具体选用哪种类型的分析方法应当取决于研究对象、所收集数据的特性和使用这种分析结果的人。采用定性分析方法分析调查资料，可以得到对调查对象的本质、趋势及规律的性质方面的认识。这种方法依据科学的逻辑判断，能够得到有关新事物的概念，但不能表明事物发展的广度和深度，也无法得到事物数量上的认识。定量分析则恰好弥补了定性分析的缺陷，它可以深入细致地研究事物内部的构成比例，研究事物规模的大小及水平的高低。

（七）进行客户满意度测评并撰写报告

殡葬服务满意度测评报告是整个调查的结果。在对客户满意度进行测评的过程中，明确急需改进的因素具有重要意义，而这一点也应是报告中的重要内容。

明确四种类型的改进因素：一是急需改进的因素，即对客户是重要的，而满意度评价是较低的；二是应该继续保持的因素，即对客户是重要的，而满意度评价是较高的；三是不占优先地位的因素，即对客户是不重要的，而满意度评价是较低的；四是锦上添花的因素，即对客户是不重要的，而满意度评价是较高的。

服务满意度测评报告的一般格式包括：题目、报告摘要、基本情况介绍、正文、改进建议、附件。正文内容包括：测评的背景、测评指标设定、问卷设计检验、数据整理分析、测评结果及分析。

（八）分析问题并持续改进

在对收集的客户满意度信息进行科学分析后，针对满意度测评报告中提出的改进问题，殡葬服务机构应该立刻检查自身的工作流程。在"以客户为焦点"的原则下开展自查和自纠，找到不符合客户满意度的管理流程，制订殡葬服务机构新的经营方案，并组织员工实施。

课后思考与训练

1.你觉得客户在殡葬服务中的期望有哪些？

2.增强客户服务感知的方法有哪些？

3.请你依据客户期望相关知识，设计或改进一项殡葬服务项目。

PPT课件

第四章
殡葬服务营销的环境与产品

学习目标

1. 了解殡葬服务产品的概念与营销环境。
2. 掌握殡葬服务产品的特征。
3. 掌握殡葬服务产品创新的方法。

思政与职业素养目标

1. 通过了解殡葬服务营销环境，培养公平竞争、遵纪守法的责任意识。
2. 通过了解殡葬产品的开发创新，培养发散思维能力与革新精神。

第一节　殡葬服务营销的环境

殡葬服务营销活动的开展离不开相关的环境，它不仅置身在复杂的社会环境中进行，还在殡葬服务机构提供的场所中进行。因而，殡葬服务机构的服务活动既受国家殡葬政策的影响，也受服务过程中的场所和各种设施的影响。环境的变化，既可以给服务机构带来市场机会，也可能对其形成某种威胁。殡葬服务机构必须重视对营销环境的分析和研究，并根据服务营销环境的变化制订有效的服务营销策略，抓住机会，从而实现自己服务营销的目标。

一、殡葬服务政策环境

国家的政策法规是殡葬服务机构开展殡葬服务活动的依据。近年来，国家针对殡葬服务活动中的相关问题出台了一些殡葬政策，服务机构开展殡葬服务时务必遵循，强化内部管理，提升服务水平，树立殡葬行业的良好形象。近年来国家发布的主要殡葬政策见表 4-1。

（一）殡的要求

殡葬服务机构要全面实行收费公示和明码标价制度，严格执行政府定价、政府指导价，与逝者家属签订服务合同，出具合法结算票据，保证中低价位殡葬服务和用品足量提供，严禁诱导、捆绑、强制消费。加强对遗体处置和相关证件出具审核的监管，避免接收来源不明遗体、轻率或错误地火化遗体，严厉查处虚开、倒卖火化证明等违法违规行为。加强殡葬用品市场、社会殡葬服务机构、殡葬服务中介机构及相关从业人员管理，严禁虚假宣传、以次充好、强制消费、价格欺诈等侵害消费者权益的行为。

表 4-1　近年国家发布的主要殡葬政策

序号	时间	文件名
1	2016 年 2 月	关于推行节地生态安葬的指导意见
2	2016 年 7 月	民政事业发展第十三个五年规划
3	2016 年 12 月	"十三五"社会服务兜底工程实施方案
4	2017 年 3 月	关于进一步加强殡葬服务收费管理有关问题的指导意见
5	2017 年 3 月	关于进一步规范和加强公墓建设管理的通知
6	2017 年 10 月	全国殡葬综合改革试点方案
7	2018 年 1 月	关于进一步推动殡葬改革促进殡葬事业发展的指导意见
8	2018 年 6 月	关于开展殡葬服务收费专项检查的通知
9	2018 年 6 月	全国殡葬领域突出问题专项整治行动方案
10	2018 年 6 月	关于推进"互联网＋殡葬服务"的行动方案
11	2018 年 9 月	殡葬管理条例（修订草案征求意见稿）
12	2019 年 11 月	在自由贸易试验区优化殡葬领域涉企审批服务实施方案
13	2021 年 6 月	"十四五"民政事业发展规划

（二）葬的要求

深入贯彻落实民政部等九部门《关于推进节地生态安葬的指导意见》，大力推行不占或少占土地、少耗资源、少使用不可降解材料的节地生态安葬方式，加快建立节地生态安葬奖补制度。加大城乡公益性节地生态安葬设施建设力度，因地制宜，科学合理规划选址，提供树葬、撒散骨灰存放等多样化节地生态安葬方式，提高建设管理和服务水平，提高群众认可度和满意度。加强公益性节地生态安葬设施用地保障，在符合土地利用总体规划的前提下，应在土地利用年度计划中优先安排新建项目用地，在用地取得、供地方式、土地价格等方面加快形成节约集约用地的激励机制。对于经营性公墓，要严格限制墓穴、墓位占地面积和墓碑高度，鼓励使用可降解材料，不断提高节地生态安葬比例，引导从依赖资源消耗，逐步向绿色、生态、可持续发展转型。

（三）祭的要求

合理设置祭扫专门区域，引导群众文明治丧、低碳祭扫。开展农村散埋乱葬专项治理活动，把此项活动作为加强和完善社区治理、改善农村社区环境的重要举措进行统筹部署安排。充分发挥村（居）委会和红白理事会、老年人协会等基层组织作用，把治丧规范纳入村规民约、村民自治章程，培育和推广文明现代、简约环保的殡葬礼仪和治丧模式。深入挖掘阐释清明节等传统节日蕴含的教育资源，充分依托殡葬服务纪念设施，建设生命文化教育基地，打造优秀殡葬文化传承平台，弘扬尊重生命、孝老敬亲、厚养薄葬、慎终追远等思想文化，崇尚社会公德、家庭美德，培育现代殡葬新理念、新风尚。

二、殡葬服务场所要求

殡葬服务场所是殡葬服务机构向客户提供服务的场地。由于殡葬的特殊性，因此殡葬场所有一些特殊的要求，这些要求既是为了更好地开展服务，也是为了家属、殡葬员工的身心健康。这方面的要求，主要体现在国家或地方颁布的相关殡葬标准中。目前殡葬领域正式发布的标准已有 70 多个，涵盖了殡葬管理、殡葬设备、殡葬建筑、殡葬环境、殡葬园林和殡葬服务等领域。殡葬行业标准化的发展让殡葬行业的管理、服务、生产经营基本做到了有章可循、有规可依，同时对明确政府行政部门监管职责、处理好政府与群众的关系、满足群众的办丧需求、维护群众的消费权益都有极大的帮助。

（一）殡仪馆建设规模

殡仪馆建设规模一般根据年遗体处理量（年遗体处理量等于服务人口数量乘以当地人口死亡率）确定，按照我国《殡仪馆建设标准》（建标 181—2017），殡仪馆建设规模分为 5 类。考虑到殡仪馆的管理与群众办事的方便，殡仪馆年遗体处理量上限为 15000 具，考虑到殡仪馆的正常运营需要，殡仪馆年遗体处理量下限为 800 具，具体分类见表 4-2。

表 4-2　殡仪馆建设规模分类

殡仪馆类别	年遗体处理量/具	具均建筑面积/(m^2/具)
Ⅰ类	10001～15000	1.6～1.7
Ⅱ类	6001～10000	1.7～1.8
Ⅲ类	4001～6000	1.8～2.0
Ⅳ类	2001～4000	2.0～2.2
Ⅴ类	≤2000	2.2～2.5

（二）功能要求

作为殡葬服务的实施场地，必须满足基本的要求，方能较好地满足群众治丧的要求。一般殡仪馆需要满足如下条件。

火葬殡仪馆的项目包括业务区、遗体处理区、悼念区、火化区、骨灰寄存区、祭扫区、集散广场区、后勤管理区等功能区。

① 业务区包括业务咨询室、业务洽谈室、业务办理室、丧葬用品陈列室、卫生间、收款处和休息室等。

② 遗体处理区包括遗体交接间、遗体停放间、冷藏间、防腐室、整容室、污水处理间、殡仪车清洗消毒间、车库、卫生间和员工休息室等。

③ 悼念区包括悼念厅、守灵间、音响室、医务室和卫生间等。

④ 火化区包括火化间、骨灰处理间、骨灰暂存室、候灰室、员工休息室、卫生间、淋浴间、油库和设备间等。

⑤ 骨灰寄存区包括骨灰寄存间、业务室等。

⑥ 祭扫区包括遗物祭品焚烧处理用房、祭扫室和室外祭扫场地等。

⑦ 集散广场区包括公共停车场、公共厕所和室外活动场地等。

⑧ 后勤管理区包括办公用房、值班宿舍、活动室、办公用车车库、餐厅和仓库等。

固定殡仪馆场所的业务区、遗体处理区、悼念区、火化区、骨灰寄存区、祭扫区等大体布局如图 4-1 所示。

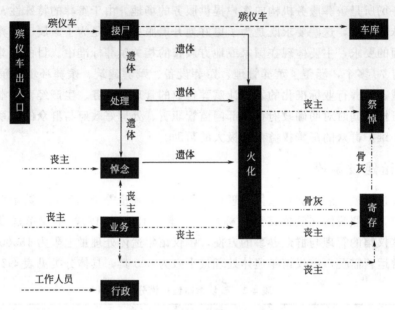

图 4-1　殡仪馆建设布局图

(三) 卫生要求

殡仪馆作为一种特殊的场所，其环境卫生不管是对家属还是对工作人员都很重要。根据相关的殡葬规范，各类固定殡仪场所（殡仪馆、火葬场、公墓、骨灰堂、殡仪服务站）的客户休息室、业务室、悼念厅及守灵间等殡仪用房的菌类安全限值见表 4-3。

表 4-3　殡仪用房菌类安全限值

项　目		安　全　限　值
空气细菌总数	a)撞击法/(cfu/m³)	≤3000
	b)沉降法/(cfu/皿)	≤35
空气溶血性链球菌	撞击法/(cfu/m³)	≤36

遗体处置用房内空气和常用器具的菌类安全限值见表 4-4。

表 4-4　遗体处置用房菌类安全限值

项　目		安　全　限　值
空气细菌总数	a)撞击法/(cfu/m³)	≤2000
	b)沉降法/(cfu/皿)	≤20
器具上大肠菌群/(个/50cm²)		不得检出
器具上金黄色葡萄球菌/(个/50cm²)		不得检出

防腐整容室是工作人员直接与遗体接触的场所，其要求更高。

（1）整容室及设施设备要求

① 整容室选址、建设应符合《殡仪馆建筑设计规范》（JGJ 124—1999 ）的规定。

② 整容室地面、墙壁、天花板应光滑无空隙，门窗设计构造简单、用料耐腐蚀，容易擦洗消毒。

③ 有条件的整容室宜设预备室，室内设有小淋浴室、更衣室及更衣柜。

④ 有条件的整容室宜安装单向流净化空调系统。

⑤ 整容室应有足够的空间和台柜，以摆放整容操作用设备和物品。

⑥ 应根据操作流程，合理摆放整容器械、台柜、物品等，避免相互干扰、交叉污染。

⑦ 应在整容室的靠近出口处设置非手动洗手及干手设施。

⑧ 整容室污水宜安装专用的污水消毒净化系统。

（2）整容室卫生要求

① 整容室内应空气流通、光线充足、室温适宜。

② 整容室应保持无异味，地面及物品表面应保持清洁、干燥。

③ 整容室内空气的菌落总数应符合《殡仪场所致病菌安全限值》（GB 19053—2003）的相关要求。

（3）职业安全防护措施

① 遗体整容人员应保持个人卫生，每具遗体都应作为潜在传染源，在进行遗体整容操作中均应遵照标准预防措施。

② 遗体整容人员在操作前应做好职业防护，必须穿着防护服、戴口罩、帽子、一次性乳胶手套及鞋套，所有伤口应以防水胶布或敷料包裹严实。

③ 遗体整容人员应避免与遗体血液、体液、分泌物接触；接触过遗体的缝合针、手术刀片、整容化妆用品和工作场所应及时消毒；避免被操作器械划伤皮肤。

第二节　殡葬服务营销的产品

随着经济的发展，客户对殡葬产品提出了各种层次和各种形式的需求。虽然一些人认为丧事应简办，只要进行简单的遗体处理就可以了，但一部分经济条件相对较好的客户则会选择较高级别、高规格的产品和服务程序，甚至会追求"新、奇、特"的个性化产品和服务。奉行"慎终追远、入土为安"思想的客户，大多会选择传统形式的丧葬产品。而随着生态文明理念的深入人心，越来越多的客户会更倾向于生态、绿色的殡葬产品和服务，一个全方位、开放的殡葬服务体系正在逐步形成。因此，殡葬服务营销必须在研究客户对产品的需求上下足功夫，殡葬产品的设计人员和服务人员应该面向市场，倾听客户声音，挖掘客户需求，丰富产品的文化内涵，将产品设计和服务作为心理抚慰与社会教化的载体，不断提升殡葬客户的满意度。

一、殡葬产品的概念及内容

殡葬产品是指能满足消费者某种需求或欲望的有形物体和一系列无形服务的总称。殡葬产品是一个整体，主要包括三个层次：产品的核心（即核心产品），产品的形式（即形式产品），产品的延伸（即延伸产品）。产品每一个层次的主要内容如下。

（一）殡葬产品的核心

殡葬产品的核心是指产品提供给消费者的基本效用和利益。客户购买某种殡葬产品，并不是为了获得殡葬产品本身，而是为了获得该产品的某种利益或功能，即殡葬产品的使用价值。客户选择某种殡葬产品是为了满足对已故亲人的安置和感情寄托，如墓地就是客户满足逝者"入土为安"的精神需要。殡葬产品的核心是产品的实质部分，是客户需求的中心内容。

（二）殡葬产品的形式

殡葬产品的形式是指殡葬产品出现于市场时的物质实体和外在表现，包括殡葬产品的品质、特色、形制、尺寸等。它是殡葬文化、伦理价值的载体，是进一步提升产品的关键，是殡葬产品核心的扩大，也是产品差异化的标志。它能够增强客户对产品的直观感觉，为客户提供更多的选择余地。因此，在人们对殡葬需求不断提高的条件下，不断完善殡葬产品的形式，提升殡葬产品的品质，是殡葬发展的重要举措和必然选择。

（三）殡葬产品的延伸

殡葬产品的延伸是指客户购买殡葬产品时所得到的一系列附加利益，包括服务、保证、承诺、精神满足等。随着殡葬行业的迅速发展，殡葬产品日益丰富，特别是殡葬现代观念的形成和发展，产品的附加利益越来越成为消费者决定购买的重要因素。因此，殡葬服务产品在开发时应注重其产品的延伸层，即产品为逝者或逝者亲人带来的利益。同时，要建立、健全和形成一套较为完整的服务体系，这是现代殡葬服务机构必须做好的重要工作。

现代客户所追求的是整体产品，殡葬服务机构对产品的核心层、形式层和延伸层应同时予以高度重视，以便更好地服务客户。

二、殡葬产品的特征

殡葬产品具有狭义和广义之分。狭义的殡葬产品是指为了满足殡葬消费需求，具有特定使用范围和使用价值的产品，主要包括花圈、寿衣、黑纱、骨灰盒等。广义的殡葬产品包括狭义的殡葬产品和殡葬服务。殡葬服务是指给丧户提供的、与治丧相关的、丧户所要求的、被法律所允许的全面服务的总称。有时又称"一条龙"服务，这一服务从常规上是指遗体收殓、化妆整容、防腐冷冻、殡礼悼念、运送、火化、公墓安葬、骨灰寄存等服务项目。同时包括一些更深层的服务，如临终关怀等，以安慰丧户失去亲人的痛苦和对亲人思念的寄托。广义的殡葬产品充分体现了殡葬产品的经营性、商业性与殡葬服务的公益性、社会性的统一。殡葬产品作为产品的一个特殊部分，除具备一般产品的共同属性以外，还表现出许多特殊的属性。

（一）使用价值的间接性

物的有用性是物的使用价值，使用价值是商品的第一因素。对他人没有使用价值的东西，不管在生产中耗费了多少的劳动，都不会产生交换并成为商品。不同的商品具有不同的使用价值。例如，衣服、粮食可以满足人们物质生活的需要；书籍、电影可以满足人们精神生活的需要；工具、原料则可以满足人们生产上的需要。也就是说，一般商品的使用价值在最终的消耗中得到体现，最终消耗者即为最终受益者。但殡葬产品则不同：一方面，绝大部分的殡葬产品仅仅在丧事活动时使用；另一方面，殡葬产品的最终受益者是不能感知事物的逝者。因此，殡葬产品的使用价值最终仅仅间接地表现为生者对逝者的哀悼和精神的寄托。这种使用价值的间接性是殡葬产品区别于其他产品的显著特点。

（二）殡葬产品的时代性

殡葬业是几千年长期发展、演变的结果，殡葬产品伴随殡葬产业的发展而变化，与时俱进，带有明显的时代烙印和特点。在封建社会，由于当时生产力的限制，经济不发达、物质不丰富，人们生活水平不高，期盼丰裕的物质生活就成为人们的普遍追求与愿望。殡葬产品作为思想意识和习俗观念的一种外在表现形式和载体，带有浓厚的时代色彩。中华人民共和国成立以后，我国不断推进以遗体火化为核心的殡葬改革。近十年来，伴随我国国民经济和社会的全面发展与进步，殡葬改革的深度与广度不断拓展。为适应殡葬改革的需要，一些新的殡葬产品，如可降解骨灰盒、树葬、草坪葬等现代殡葬产品应运而生。特别是一些整容、礼仪等服务项目作为殡葬产品已逐渐被人们接受。可以看出，殡葬产品具有与时俱进的时代特点。

（三）殡葬产品的情感性

殡葬的目的在于安抚逝者，表达生者对逝者的悼念和情感的寄托。殡葬产品的使用价值仅仅表现为生者对逝者的情感寄托。也就是说，研究、开发、生产、购买殡葬产品的根本目的不是为了产品本身的直接使用价值，而是为了表达感情，充当情感寄托的中介物。另外，殡葬服务是一种特殊殡葬产品，包括葬前的遗体收殓、化妆整容、防腐冷冻，到殡仪馆的悼念、火化、公墓安葬和骨灰寄存，以及葬后的公墓维护、骨灰保管等各项服务。殡葬的整个过程既是殡葬服务的实施过程，也是殡葬服务这种特殊产品的使用体现过程。因此，优质的殡葬服务也是殡葬产品情感性的一种表现形式。

（四）殡葬产品的文化性

在社会主义市场经济条件下发展殡葬业，不仅关系到千家万户的直接利益，而且承担着革除旧习俗，探索丧葬新形式、新方法、新模式，培养、引导人们树立科学的道德观、生死观、孝道观、丧葬观的重要职能。因此，一种新的殡葬产品的好坏，不仅要看其带来的经济效益如何，更要看这种殡葬产品的先进文化含量，即新的殡葬形式、殡葬服务是否为丧户所接受，是否符合社会主义精神文明建设的要求，是否有利于净化社会环境，是否对社会进步产生积极影响和辐射作用，等等。在重视殡葬产品经济效益的同时，要树立殡葬产品经济效益与社会效益、生态效益统一的观念。

三、殡葬产品介绍——FABE法

（一）FABE法的内涵

FABE法中，F代表特征，A代表这一特征所产生的优点，B代表这一优点能带给客户的利益，E代表证据（技术报告、客户来信、报刊文章、照片、示范等）。简单地说，就是工作人员在找出客户最感兴趣的各种特征后，分析这一特征所产生的优点，找出这一优点能够带给客户的利益，最后提出证据，证实该产品的确能给客户带来这些利益。

（二）产品介绍

殡葬消费更多的是一种精神消费，殡葬服务人员在向客户介绍产品（服务）时常犯的错误是特征介绍，他们向客户介绍殡葬产品的材料、质量、特性等，而恰恰没有告诉客户这些特征能带来什么利益和好处。殡葬服务人员一定要清楚：我们卖的不是产品，而是产品带给客户的利益，即产品能够满足客户什么样的需要，为客户带来什么好处。殡葬服务人员介绍产品时可分为三个层次：第一层次是介绍产品特点，第二层次是介绍产品优点，第三层次是介绍产品利益点。

（三）利益的层次

由于殡葬服务产品的使用离不开殡葬服务机构，因此，产品利益除了产品本身外，还包括殡葬服务机构的服务品质等。一是产品利益，即殡葬产品、服务带给客户的利益。二是组织利益，即殡葬服务机构的技术、实力、信誉、服务等带给客户的利益。三是差别利益，即竞争对手所不能提供的利益，也就是殡葬服务产品的独特卖点。

殡葬产品所包含的利益是多方面的，殡葬服务人员在介绍利益时不能面面俱到，而应抓住客户最感兴趣、最关心之处重点介绍。与其对一个产品的全部特点进行冗长的讨论，不如把介绍的目标集中到客户最关心的问题上。

第三节　殡葬服务营销产品的创新

随着社会经济的发展，人们对殡葬服务提出了新要求。2018年，民政部等16部门制定的《关于进一步推动殡葬改革促进殡葬事业发展的指导意见》中提出，丰富和完善殡葬服务供给，妥善处理基本殡葬服务与非基本殡葬服务的关系，保障和改善基本殡葬服务，丰富和拓展非基本殡葬服务，满足群众多样化、多层次的殡葬服务需求。新技术、新理论层出不穷也为服务产品的创新提供了条件。

一、殡葬服务新产品的开发类型

殡葬服务新产品的含义非常广泛，不仅指市场上从未有过的产品，如开发新的服务方式，也包括对原有服务的重新包装、在先前的服务组合中增加新的服务项目、改进服务质量等。因此，只要对原有的服务进行革新和升级改造，都可称之为新产品的开发。具体可以将开发类型分为以下几种。

（一）殡葬服务产品的改良

利用新的服务理念和技术对原有的服务水平予以提升，本质上是对核心服务以外的服务内容进行调整，增加服务产品的价值，给予客户更多的利益。不进行重大的改革，只进行小范围形式上的修改，如增加殡葬用品文化内涵的解释、为家属提供音乐上的享受、殡仪馆或公墓延长服务时间等。这种改善行为能较好地提升服务水平，最大限度地利用现有资源。

（二）殡葬服务产品的借鉴

由于殡葬服务的地域性特别强，一个城市与另一个城市之间几乎没有太大的竞争性，这就为殡葬服务机构借鉴其他企业的服务或产品提供了条件。在尊重现有知识产权的前提下，其他殡葬企业的服务可以在本机构内部快速形成，推出同质或略有创新的产品，对于殡葬服务机构也是非常好的选择。由于这种仿制能够快速跨越市场的检验时间，同时节约研发成本，所以也是殡葬服务机构提升竞争力的重要手段。但是，仿制产品要求殡葬服务机构能抓住新产品的核心技术，不能只仿其形，而忘记它所存在的机制和环境。

（三）殡葬服务产品的创新

利用已有资源，引进新技术、新理念；或在观念上进行创新，使用全新的服务组合满足客户日益增长的需求，给予他们更多的选择和惊喜；或者研发出市场上从未出现过的服务产品，这种方式创新程度最高，但风险也最大，只要经得起市场的检验，回报也将是最高的。

⇒ 二、殡葬服务新产品的开发程序

殡葬服务机构对新产品的开发可采取很多方法，可以利用自身资源进行独立研发，也可直接购买其他机构的产品进行二次开发，也可委托专门机构进行开发，还可与其他公司合作开发。同有形产品的开发一样，开发服务产品也要遵循科学的程序。服务产品的创新需要经过构思、筛选、概念发展与测试、商业分析、开发试制、市场试销和正式上市七个步骤。

（一）构思

构思是对未来产品的基本轮廓架构的构想，是新产品开发的基础和起点。这些设想可以通过许多方式产生，既可能来自殡葬服务机构内部，也可能来自殡葬服务机构外部；既可以通过正规的市场调查获得，也可以借助非正式的渠道。这些构思可能是为公司提供新服务产品的手段，或者为公司取得服务产品的各种权利（如特许权）。从外部看，客户、竞争对手、科研机构、大学和海外机构的经验都是殡葬服务机构获得构思的主要来源；而从内部看，殡葬服务机构的技术人员和市场营销的主管人员是主要的来源，同时一般职工的设想对新产品开发也具有启示意义。

（二）筛选

对获得的构思，殡葬服务机构还必须根据自身的资源、技术和管理水平等进行筛选，因为有些构思甚至是比较好的构思并不一定能付诸实施。通过筛选，可以较早地放弃那些不切实际的构思。筛选的过程主要包括两个步骤：首先，建立比较各个构思的评选标准；然后，确定评选标准中不同要素的权重，再根据殡葬服务机构的情况对这些构思进行打分。可供服务机构采用的标准有：市场大小、市场增长状况、服务水平和竞争程度等。必须强调的是，没有任何一套标准能适合所有的殡葬服务机构，各机构都应该根据本身的资源情况而开发并制定出自己的一套标准。

（三）概念发展与测试

筛选后的构思要转变成具体的产品概念，要经过概念发展和概念测试两个步骤。产品构思是企业提供给市场的一个可能的产品设想；产品概念是用消费者语言表达的精心阐述的构思。在概念发展阶段，主要是将服务产品的构思设想转换成服务产品概念，并从职能和目标的意义上来界定未来的服务产品，然后进入概念测试阶段。概念测试的目的是测定目标消费者对产品概念的看法和反映。此外，在概念发展和测试的过程中，还要对产品概念进行定位，了解它在消费者心目中的位置。

（四）商业分析

商业分析即经济效益分析，是为了了解这种产品概念在商业领域的吸引力有多大及其成功与失败的可能性。具体的商业分析包括很多内容，如推广该项服务所需要的人力、额外的物质资源、销售状况预测、成本和利润水平、消费者对这种创新的看法以及竞争对手可能的反应。毫无疑问，在这一阶段想要获得准确的预测和评估是不切实际的，殡葬服务机构只能作出大体的估计。一些常用的分析方法如盈亏平衡分析、投资回收期法、投资报酬率法等将有助于殡葬服务机构的商业分析。

（五）开发试制

产品构思经过概念发展和测试，又通过商业分析被确定为可行的话，就进入了具体服务产品实际开发阶段。殡葬服务机构要增加对此项目的投资，招聘和培训新的人员，购买各种服务设施，建立有效的沟通系统。此外，还要建立和测试构成服务产品的有形要素。新型服务产品开发的阶段与制造品不同，除了必须注意服务产品的实体性要素之外，更须注意服务产品的递送系统。

（六）市场试销

对于有形产品来说，当新产品研制出来之后，通常要经过市场试销，因为消费者对设想的产品同对实际产品的评价会有某些偏差。实践表明，很多产品试制出来之后，仍然会有被淘汰的命运。不过，要想试销某些新型服务产品，总是存在一些特定的困难。比如，一家殡葬服务机构在丧葬用品中推出墓穴摆放金蟾蜍，但接受的家属比较少。在试销中工作人员通过与家属交流得知，家属认为墓穴中摆放一只金蟾蜍寓意不好，后来殡葬服务机构进行方案改进，将一只改为一组（四只），放于墓穴四角，寓意四季进财，销量大增。

（七）正式上市

这一阶段意味着殡葬服务机构正式开始向市场推广新产品，新产品进入其市场生命周期的引入阶段。殡葬服务机构必须在新产品上市之前做出以下决策，即在适当的时间和适当的地点，采用适当的推广战略，向适当的客户推销其新型服务产品。

三、殡葬服务产品的创新路径

注重殡葬服务产品的创新既是殡葬服务机构竞争的结果，同时也是殡葬服务机构满足客户需求的需要，其创新路径主要有以下几个方面。

（一）挖掘传统文化

中国传统殡葬有着完善的服务体系及相应的产品，由于社会文化的变迁及生活环境的变化，可以在熟知的传统殡葬服务项目的基础上结合当代社会的实际情况，重新设计其内容，开发出符合当代社会需求的服务产品。如有的墓园开发出的圆坟仪式就是典型例子。

（二）借鉴其他行业

相对而言，殡葬行业的服务与技术还是比较落后的，因此可以借鉴其他行业的服务，运用到殡葬服务过程中。借鉴有两种方式。一种是"形"的借鉴，即借鉴其他行业的方式，如酒店行业中有什么服务，殡葬行业中也开展什么服务。一种是"神"的借鉴，即借鉴一种服务开展的理论支撑，如快餐店的食物加工厨房用玻璃与外面隔开，让客户感知其食物的干净卫生，殡葬行业可借鉴其理念，在某些环节让客户感知工作人员对逝者的尊重。

（三）融入最新技术

现代社会正进入一个"云、移、物、大、智"（云计算、移动互联网、物联网、大数据、智慧城市）的时代，一个计算机无处不在、软件定义一切、智慧点亮未来的时代。这些技术也开始在殡葬行业应用，可对原有殡葬服务产品进行改进，将这些技术与殡葬产品结合，产生出新的服务产品。

（四）满足客户需求

客户需求是殡葬服务产品创新的直接动力，这需要殡葬服务人员在服务中时刻关注客户的需求，将未满足的需求转化成服务产品，从而实现服务产品的创新。

课后思考与训练

1.殡葬产品的特征有哪些？
2.产品创新的程序是什么？
3.请用 FABE 法介绍一种殡葬用品。

PPT课件

第五章
殡葬服务营销的渠道

学习目标

1. 了解殡葬服务的渠道。
2. 掌握自主开发客户的方法。
3. 掌握殡葬服务网点建设的相关知识。

思政与职业素养目标

1. 通过对营销渠道的学习，培养团队协作精神。
2. 通过了解殡葬服务网点的建设，培养诚信经营、遵纪守法的道德品质。

渠道通常指水渠、沟渠，是水流的通道，被引入商业领域，全称为分销渠道，引申为商品销售路线。它是商品的流通路线，指为厂家的商品通向一定的社会网络、代理商或经销商而卖向不同的区域，以达到销售的目的。殡葬服务的渠道就是殡葬服务机构的产品和服务提供给客户、资金逆向返回的通路。它是殡葬服务机构与殡葬客户沟通的桥梁，是殡葬服务机构所拥有的重要资源。服务渠道在殡葬服务机构的实际服务工作中占有重要的地位，渠道建设是殡葬服务机构服务部门的主要工作内容。某种程度来说，渠道宽度、深度及顺畅程度决定了殡葬服务机构的发展速度。总的来说，殡葬服务机构的服务渠道主要有直营与代理两部分。

第一节　殡葬服务机构的直营

直营就是直接投资经营的模式。对每个殡葬服务机构来说，直营是非常重要的服务营销渠道，而且是殡葬服务机构发展到一定阶段后最主要的服务营销渠道。为了稳妥起见，殡葬服务机构可以采取先建样板市场的策略，检验已制订的服务营销策略、经营模式以及推广方式等是否可行，并在实施中加以完善，并借此建立一支高效稳定的服务营销队伍。

一、直营分析

（一）直营的内涵

殡葬服务机构直营是指由公司直接经营、投资、管理，销售人员直接寻找客户为其提供殡葬产品或服务的经营形态。直营有优势也有劣势。优势主要有：直营砍掉了中间商的利益分配环节，一定程度上降低用户成本；统一经营管理，过程容易控制，口碑和服务可以更好得到推行等。劣势主要有：直营需要拥有一定规模的自有资本，发展速度受到限制；殡葬服务机构发展到一定阶段，管理系统庞杂，容易产生官僚化经营，使企业的交易成本大大提高；管理成本相对较高等。目前，殡葬服务机构直营主要有两种类型，一是殡葬服务机构销售人员直接开发客户；二是殡葬服务机构在一定区域内建立门店，通过门店开发客户。

（二）坐销与行销

殡葬服务机构在直营中主要有两种寻找客户的方式。一是坐销，即殡葬服务机构坐等客户上门，而不是主动寻找客户，这种方式一般存在于竞争小或基本没有竞争的地方。二是行销，"行销"兼含"行"（协助、推动）和"销"（买卖双方交换各自标的物之所有权）两种行为，它是一种积极主动的销售方式。这种方式注重"售前""售后"之方法，协助"售中"（销售）活动。有专家认为：协助"销售"（人员推销）的活动包括环境了解、顾客调查、研究、分析及预测、竞争分析、产品发展及规划、广告与促销、配销通路网、实体储运体系、定价、信用授予、顾客服务等（图5-1）。所以"行销"既包括将产品或服务卖给顾客，向顾客取回报偿之一切"售前""售中""售后"活动，还包括引导公司内部有关生产、财务、人事、研究发展活动等。

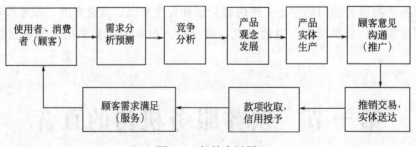

图 5-1　行销内涵图

（三）行销与推销的区别

行销不是推销，它是建立在尊重客户、双方自愿的基础上，而不是为了提高自己的销售业绩而不顾客户的利益强行推销，其区别如表5-1所示。行销可以加强和巩固已有的销售渠道，建立起销售网络，使一般的客户成为熟人，进而成为朋友。

表 5-1　行销与推销的区别

考察因素	行销	推销
需要因素	强调顾客需要	只强调产品
销售因素	公司先决定顾客需要，然后再考虑如何制造与运送产品，以满足顾客之种种需要	公司在制造产品后才考虑如何推销
管理因素	管理是基于利润导向	管理是基于销售量导向
导向因素	行销计划是长期导向之结果，即基于新产品明日之市场及未来之成长	推销计划是短期导向之结果，即基于今日之产品与市场

（四）行销与传销的区别

传销曾经波及殡葬行业，但行销不是传销，行销与传销有着本质的区别。行销是殡葬服务机构以产品差价盈利，而传销则是通过"拉人头"，以及公司制订的奖金和返利制度来盈利。传销主要有以下特点。

① 加入传销时要投入很高的入会费。

② 公司不是根据销售额给予传销商奖励，而是根据发展下线给予奖励。

③ 硬性规定传销商要买大量的商品（存货负担）。

④ 对传销商退货予以限制（存货负担）。

⑤ 夸大收入，骗人入伙。

二、直营方式

（一）合作直营网点

1. 与街道合作

协助街道或社区做好殡葬改革宣传、白事服务；在街道设立便民服务点，资料随时获取；协助社区开展老年人服务活动。有的街道或社区设有专人管理殡葬事务，可与他们联合，做好群众丧事服务工作。

2. 与养老机构合作

殡葬服务机构可与养老机构合作，以开展生命文化活动、提高养老机构临终关怀水平为载体，提升殡葬服务机构的影响力。同时，通过对养老机构客户资料的统计分析，预设个性化殡葬服务方案。服务方案关键要突出个性化、情感化，要有多种服务类型供客户选择。以"一站式"的专业服务体现孝道之尽、礼仪之规。

3. 与医疗机构合作

现在老年人去世绝大多数都是在医院，特别是城市。因此，医院是最早知道逝者去世信息的，而且医院与逝者家属有一定的接触，对家属比较熟悉。可以由医院提供信息，由殡葬服务机构的服务营销人员与家属洽谈。

4. 与企事业单位工会合作

企事业单位退休员工的丧事主要由工会参与协助甚至是主办完成，家属对其有一定的信任感。工会的工作人员对家属的殡葬消费（包括购买墓地）有一定的影响。殡葬服务机构可与企事业单位的工会合作，协助其单位处理好本单位职工的丧事。

（二）自主开发客户

自主开发客户可以用于殡葬服务中生前契约、公墓业务的开发，也可以以此为基础开展相应的殡葬服务业务的开发。

1. 客户源的搜集

殡葬服务机构的服务营销人员对陌生客户的开发是一项主要工作。在开发陌生客户前首先就要搜集、寻找客户，这里就存在搜集客户源的问题。在搜集、寻找客户源时，要注意对各种人脉资源的开拓。有些人脉资源在平时可能并不太注意或者联系并不太密切，但这些都有可能成为开拓市场的渠道。作为一名殡葬服务机构的服务营销人员，人脉资源是至关重要的，有些是原本就存在的，有些则是可以通过各种途径去创造的。创建人脉资源主要有如下几种方式。

（1）发放名片　批量印制名片，名片要体现自己的人生宗旨、个性特点、职业、联系方式等。要有特色，给人留下深刻印象。如果是集团公司的殡葬服务机构的服务营销人员，可以将公司的其他业务印在名片上，使殡葬业务显得不那么刺眼，发放名片并不意味着营销活动的终止。

（2）调研采访　确定一个调研采访主题，以调研者的身份进行采访，可以消除对方的抵触情绪，以零交易的状态进入准客户群。在调研时可以通过选定的主题，深入了解人们的需求，为进一步营销创造条件。

（3）参加公益活动　公益活动可以提高自身形象，给人留下好的印象，为下一步的交往打下良好的基础。同时，公益活动的参与者综合素质较高，通过参与公益活动，服务营销人员可以结交层次较高的准客户群。

（4）组织和参加各类聚会和培训班　经常组织和参加各种家庭聚会、同学聚会、生日聚会、旅游、参观等活动，并有目的地参加各类培训班，可以增加与陌生客户交流的机会。

2. 客户的分类和筛选

通过搜集上述客户源，服务营销人员可以拥有一定数量的客户资源，但这还不是所需要的准客户资料，所以下一步的工作是对所有客户的信息进行分类。分类的目的是销售人员可以根据客户的类型进行邀约。通常可从以下几个方面进行分类。

（1）按照客户收入的水平划分　收入水平较高的；收入水平中等的；收入水平较低的；非常贫困的。

（2）按照客户的需求划分　马上有需求；暂时没有需求；较长时间没有需求。

（3）按照客户的权限划分　有决策权；有参与决策权；没有决策权。

（4）按照客户的性格偏好划分　联系密切，交往深；性格内向，不善交往；性格平和，交往一般；性格开朗，善交往。

（5）按照关系的密切程度划分　联系较多，关系密切；偶尔有联系，关系一般；很少联系，关系较差。

（6）按照竞争对手分析　竞争对手强大；竞争对手对等；竞争对手较弱。

（7）按照给殡葬服务机构带来利润的多少和营销的难易度等因素进行综合分析，对客户源进行筛选，然后有针对性地进行邀约，这样成功的概率较大。

3. 客户的邀约

对客户源进行分类之后，邀约和交流是十分重要的。一个成功的邀约是成功推介的前提，也是销售人员与客户从陌生走向熟悉的必由之路。

在实际工作中，与客户见面后比较难处理的是以什么样的话题引起客户的兴趣，如果处理不好，一场邀约有可能失败。曾经有一位墓园的销售人员（A）与他的一位朋友（B）及朋友的同事（C，有购墓需求）一起吃饭，这位销售人员本想通过吃饭认识一下，看能否谈成一单业务。结果在销售人员递过名片后，朋友的同事将名片往桌上一丢就走了，大家都很尴尬。为了避免这种情况发生，实际上可以用咨询的形式挑起话题，即 B 向 A 咨询相关问题，看 C 的反映，如果 C 跟着一起讨论，则水到渠成；若 C 忌讳不谈，则没必要继续谈论。这样不仅避免大家尴尬，同时也把 A 的工作信息传递给了 C，为以后的销售埋下伏笔。

4. 客户的追踪

客户追踪是每一个服务营销人员无法回避的工作。服务营销人员在客户第一次来现场就完成服务营销动作基本是不太现实的，因此客户走后的追踪动作就变得非常重要。一是它可以增进感情交流，减少客户的疑虑，建立纯洁的友谊；二是及时解除客户的疑虑；三是利于真诚服务客户；四是促单成交。

（1）追踪的准备工作

第一，判断客户的情况。追踪是服务营销人员与客户有了初步交流之后，为了促成交易而进行的交流活动，具有很强的目的性。所以追踪前要对客户的情况作出判断和分类，如可以将客户分为有购买能力且有购买欲望、有购买能力但没有购买欲望、无购买能力但有购买欲望、无购买能力且没有购买欲望四类。在追踪时，第一类、第二类是追踪的重点。当然，这只是分类的一种方法，还可以从不同的角度进行分类。

第二，充满信心。服务营销人员在追踪前的信心主要有两方面：一是对自己的服务营销产品的信心，要相信自己所卖的产品是非常好的，它能给客户带来心理的满足。服务营销人员只有对自己的产品充满信心，才能用自己的语言打动客户购买产品。二是对追踪要有信心，相信通过自己的努力一定能打动客户，即使失败，也要明白这是很正常的事，始终保持高度的信心。

第三，大胆心细、积极主动。大胆心细是指追踪时不要畏首畏尾、患得患失，但在追踪前要精心准备，熟悉客户的情况，甚至是客户的喜好等。积极主动是指与客户有了初步交流后要及时主动地与客户进行更深入的交流，在语言、态度、做事等方面都要积极。

（2）追踪的对象

服务营销人员进行客户追踪前，首先要根据客户情况进行分类，确定追踪对象，以提高追踪的效率。一般来说，以下几类客户在追踪时容易促成交易，是追踪的重点。

① 有强烈购买欲望的客户。这类客户有购买的需求，主要是犹豫买哪一家殡葬服务机构的产品和服务，也许正在比较中。对此类客户追踪时主要是防止竞争对手捷足先登，在追踪中要注意突出殡葬服务机构的优势。

② 有兴趣但态度不积极的客户。这类客户对企业基本认可，有购买的可能性，但现在也许还不急用。对此类客户追踪时主要是要让客户明白现在购买比以后再购买的好处有哪些。

③ 洽谈时提出很多问题，表示回去考虑，或很难一下子作出决定的客户。客户提出的问题越多，越说明客户有购买的意向。

④ 当时答应回去拿钱的客户。这类客户购买意向非常明显，但由于要回去拿钱，还存在一定的可变性，注意适时追踪。

⑤ 经济实力强但购买意向不强烈的客户。对这类客户在追踪时首先要做的事情就是弄清其犹豫的地方及原因，然后有的放矢地追踪。

⑥ 想购买但经济条件较差的客户。追踪时应该站在这类客户的角度，为其推荐经济适用的墓地，并从孝的角度做好其思想工作。

（3）注意事项

一是追踪客户时要选择适当的话题切入，不要给人强硬推销的印象。

二是注意时间的间隔，一般以三天左右为宜。

三是注意追踪方式的变化，如可以采用打电话、给客户寄新年贺卡等。

四是两人或两人以上同时追踪某个客户时，应相互沟通，协调行动。

第二节　殡葬服务机构的代理

服务代理是指通过契约关系确定的，由专业化的相关服务机构（或企业）为一般服务机构代理在生产经营过程中产生的技术要求高、专业性强的经济事务的经营方式。

一、代理分析

（一）代理的优势

1. 节约成本

作为殡葬服务机构来讲，它最大的优势就在于不需要自建服务渠道，也不需要投入过多的工作人员，可以大规模地节省终端人力、物力，从而降低殡葬服务的成本。同时，在管理上，渠道代理商有较大的自主权，殡葬服务机构不用花太多的精力去管理，节约管理成本。

2. 时效性强

相对于殡葬服务机构自己创建的服务渠道而言，代理可以使殡葬服务机构在短时间内迅速建立多个服务点，占领市场。另外，当殡葬服务机构发展到一定阶段，品牌形象已经建立后，其功能的转变较容易。

（二）代理的劣势

1. 容易引起恶性竞争

殡葬服务机构的代理报酬基本上都是采取提成的方式。而代理者往往不止代理一家殡葬服务机构，他们会把客户往提成高的殡葬服务机构引导，这样就导致殡葬服务机构之间相互提高代理者的提成比例。如有的城市墓园代理提成比例超过了墓价的 30%，这就形成了变相的价格战，当墓价无法上涨时，就只能降低服务成本，这会影响服务水平。

2. 控制难度大

渠道代理商与殡葬服务机构之间只有一纸合同的约束,代理商有很大的自主权,所以不能对其进行很好的监控。很多政策无法完整落地,很多推广及促销活动更是无法执行到位,使得殡葬服务机构想发力,却又力不从心。另外,如果某家代理商在服务营销中占据较大份额,就有了较大的议价能力,会牵制殡葬服务机构的发展。

二、渠道代理商的选择

殡葬行业是一个比较特殊的行业,一般人很少接触这个行业,难以及时得到相关信息。因此,选择渠道代理商就显得格外重要。三类人群是较好的人选,即民俗人士、殡葬用品商店店主和保险从业人员。

(一) 民俗人士

殡葬服务机构可以请当地民俗人士做顾问,了解当地风土人情,请他们为殡葬服务、商品设计、园区建设出谋划策。这些人一般在当地范围都有一定的影响,特别是在殡葬方面。当地老百姓无形之中对他们有一种信任感,这对殡葬服务机构开展服务营销工作比较有利。

(二) 殡葬用品商店店主

花圈寿衣店常年经营殡葬用品,其顾客基本上都是家中有丧事的,他们的丧葬需求比较明显。因此殡葬服务机构选择殡葬用品店主当渠道代理商,能够较早接触到客户。而且花圈寿衣店都在小区周围,对客户而言比较方便。另外,花圈寿衣店的门头装饰稍做改动,就可以成为殡葬服务机构的户外广告宣传牌,对殡葬服务机构起到宣传作用。

(三) 保险从业人员

一个成功的保险人员,其手中不仅有大量的客户信息,而且与客户有一定的交往,已经取得客户的信任。当客户有丧事服务的需求时,保险人员帮助客户办理丧事,不仅没有推销的感觉,而且客户会心存感激。

三、渠道代理商的管理

殡葬服务机构代理有利有弊,为了使其功效最大化,在建设代理的服务营销渠道时应采取一些措施,实施渠道管理。

(一) 加强沟通,提升服务

殡葬服务机构与渠道代理商建立起代理关系后,不能由其自生自灭,而要加强沟通与指导,及时准确地将殡葬服务机构的运作方式和服务产品传达给每一个渠道代理商,并收集他们的反馈意见,主动了解渠道代理商经营中存在的问题并帮助其解决,使渠道代理商与殡葬服务机构处于直接互动状态。从而达到双方信息交流的准确与及时,并由此使殡葬服务机构的终端执行与控制得到最近距离和最明确清晰的监督、跟进、指导,帮助渠道代理商全面提升服务水平、服务形象。这样,不仅为渠道代理商提升了服务能力,还为品牌赚到了市场,一举两得。

（二）突出重点，合理布局

殡葬服务机构在寻找渠道代理商时要注意整个城市的合理布局，而不是随意给予代理。还要注意渠道代理商之间的区域范围，以免冲突。同时，渠道代理商的布局应该与殡葬服务机构服务营销的市场重点相一致，一般采取由近至远的原则。因为离机构越近，客户对机构的信任度就越高，同时也便于机构的管理。

（三）外树形象，内抓服务

殡葬服务机构服务营销的代理应该只用在殡葬服务机构发展的初期，最终应该走向直销。因此，殡葬服务机构服务营销代理建立后，殡葬服务机构一方面在外加强宣传，增加殡葬服务机构的知名度；另一方面加强内部服务品质的提升。殡葬服务机构的竞争最终不是对代理商的争夺，而是殡葬服务机构自身服务品质的竞争。通过服务品质的提升，提高客户的满意度与忠诚度，在客户群中形成良好的口碑，利用客户的口碑传播，实现殡葬服务机构的直销。而经过殡葬服务机构的挑选，留下服务意识好、能与殡葬服务机构服务理念保持一致的代理商转化为殡葬服务机构的服务点，扩大殡葬服务机构的服务范围与服务内容，进一步树立殡葬服务机构的服务品牌。

（四）适应市场，动态管理

殡葬服务机构的代理与其他行业的代理有很大的不同，其代理与机构基本都在同一区域，而且客户最终都要接受机构的服务。因此，代理主要用于殡葬服务机构的起步阶段，殡葬服务机构可以集中精力抓内部服务，树立口碑。当服务市场已经打开，客户对殡葬服务机构的产品和服务有较好的认可度后，代理的宣传和找寻客户的功能将会慢慢地退化。此时，殡葬服务机构对渠道代理商的管理应该改变，不再是帮助他们提升服务营销业绩，而是将其作为殡葬服务机构的一部分，协助做好客户的服务。

第三节　殡葬服务网点的建立

殡葬是一个关乎百姓生活的大事，但长期以来，由于人们对殡葬的忌讳心理，殡仪馆基本上都建在郊区，人们对其了解甚少，甚至有的人还不知道殡葬场所在城市的具体位置。另外，由于殡葬场所一般都在郊区，所以交通不是很方便，有的地方甚至还没有公交车。当人们遇到丧事时，也不知到哪里寻找殡葬服务人员。为了给客户提供方便快捷的服务，殡葬服务机构有必要建立一些服务网点。

一、服务网点地点的选择

服务网点地点的选择至关重要，它直接关系到服务人员能否第一时间接触客户。在地点选择上一般有如下几种场所。

（一）医院

据统计，目前80%左右的遗体均出自医院的太平间，医院自然也就成了众多殡葬服务机构首先考虑的地方。在医院设立服务点时要弄清以下问题。

① 所在医院每月去世人数是多少？

② 接领遗体所需办理的手续是什么？是否可以当场开具死亡证明？是否需要收费？

③ 是否设有临终关怀（安宁疗护）人员或其他相关社工服务机制？

④ 医院至殡仪馆的距离及路线。

⑤ 医院能否进行追悼活动？

⑥ 是否还有其他殡葬服务机构的服务点？

只有弄清这些问题，才能确定设立服务处的规模和经营策略。

（二）养老院或老年公寓附近

养老院或老年公寓是老年人集中的地方，并且有殡葬服务机构潜在而且是比较集中的客户群，养老机构也成为殡葬服务机构争夺的又一主要阵地。在此需弄清以下问题。

① 所在城市目前所有养老机构的位置、数量。

② 所住老人人数、平均年龄、每月死亡人数比率。

③ 有家属或无家属进行遗体接运的手续各是怎样的？丧葬处理程序是什么？

④ 是否有其他的殡葬服务机构进入？

⑤ 丧事价格的平均水平是多少？

⑥ 养老院至殡仪馆、陵园的距离及路线。

（三）社区

服务点进入社区，既满足了客户的需求，也是接触客户的需要。现在上海等地的殡葬服务点已开始进入社区。在此需弄清以下问题。

① 社区的规模人数。

② 社区人员的年龄结构。

③ 社区人员的收入状况。

④ 社区能否举办追悼活动？

⑤ 社区到殡仪馆、陵园的距离及路线。

⑥ 是否还有其他殡葬服务机构的服务点？

（四）殡葬用品商店

以殡葬用品商店作为服务网点最大的优势是便于宣传，其运作方式可以有两种：一是以已有的寿衣花圈店为基础，采取与之合作的方式；二是本机构一地两用，自己开设寿衣花圈店作为服务网点。第一种方式需要注意的是此商店能否达到殡葬服务机构的统一要求，第二种方式主要是注意地点的选择。

无论是医院、社区还是养老机构，殡葬服务机构很难在每一个地方都设有服务网点，所以以上的分析主要是为了找到符合殡葬服务机构经营定位的合适地点。

二、服务网点的布置

服务网点是殡葬服务机构的一个缩影，代表着机构的形象，所以服务网点的布置是服务网点建设的重要一环。总的来说，服务网点的布置要温馨，色调应以暖色调为主，这样才不会给人阴森恐怖的感觉。对工作人员而言，在这样的环境下可以产生良好的心情；对客户而言，在这样的环境下可以消减悲伤的情绪。另外，在网点的布置上还应该考虑以下三项基本的内容。

1. 经营理念

它是殡葬服务机构将来发展的方向，也是服务网点经营的方向，可以为工作人员提供愿景。

2. 激励作用

殡葬行业里跑业务、做服务营销失败的时候很多，需要精神的支持。

3. 工作人员的业绩

工作人员的业绩可以起到相互激励的作用。

 ## 三、服务网点的队伍建设

服务网点既是殡葬服务机构的服务点，也是其营销的网点。因此，殡葬服务机构的服务网点建立后必须有一个优秀的团队，包括领导者与员工。由于员工个性、知识、能力、表达等各方面的差异，殡葬服务机构可以根据员工的个人特点划分工作内容，同时通过团队的凝聚力建设打造一支团结协作、各取所长的服务团队。

（一）团队角色划分

作为团队的管理者，应该清楚每个成员在团队中担任的角色和所发挥的作用是不同的，管理者应该充分认识团队成员的特点并加以合适的引导。在认识团队成员角色方面，可借鉴贝尔宾的团队角色理论，如表 5-2 所示。

表 5-2　贝尔宾的团队角色理论表

角色理论	特点	作用
实干家	① 典型特征：保守；顺从；务实可靠 ② 积极特性：有组织能力和实践经验；工作勤奋；有自我约束力 ③ 能容忍的弱点：缺乏灵活性；对没有把握的主意不感兴趣	① 把谈话与建议转换为实际步骤 ② 考虑什么是行得通的、什么是行不通的 ③ 整理建议，使之与已经取得一致意见的计划和已有的系统相配合
协调员	① 典型特征：沉着；自信；有控制局面的能力 ② 积极特性：对各种有价值的意见不带偏见地兼容并蓄，看问题比较客观 ③ 能容忍的弱点：在智能以及创造力方面并非超常	① 明确团队的目标和方向 ② 选择需要决策的问题，并明确它们的先后顺序 ③ 帮助确定团队中的角色分工、责任和工作界限 ④ 总结团队的感受和成就，综合团队的建议

续表

角色理论	特点	作用
推进者	① 典型特征:思维敏捷;开朗;主动探索 ② 积极特性:有干劲,随时准备向传统、低效率、自满自足挑战 ③ 能容忍的弱点:好激起争端,爱冲动,易急躁	① 寻找和发现团队讨论中可能的方案 ② 使团队内的任务和目标成形 ③ 推动团队达成一致意见,并朝着决策行动
智多星	① 典型特征:有个性;思想深刻;不拘一格 ② 积极特性:才华横溢;富有想象力;智慧;知识面广 ③ 能容忍的弱点:高高在上;不重细节;不拘礼仪	① 提供建议 ② 提出批评并有助于引出相反意见 ③ 对已经形成的行动方案提出新的看法
外交家	① 典型特征:性格外向;热情,好奇;联系广泛;消息灵通 ② 积极特性:有广泛联系人的能力;不断探索新的事物;勇于迎接新的挑战 ③ 能容忍的弱点:事过境迁,兴趣马上转移	① 提出建议,并引入外部信息 ② 接触持有其他观点的个体或群体 ③ 参加磋商性质的活动
监督员	① 典型特征:清醒;理智;谨慎 ② 积极特性:判断力强,分辨力强;讲求实际 ③ 能容忍的弱点:缺乏鼓动和激发他人的能力,自己也不容易被别人鼓动和激发	① 分析问题和情景 ② 对繁杂的材料予以简化,并澄清模糊不清的问题 ③ 对他人的判断和作用作出评价
凝聚者	① 典型特征:擅长人际交往;温和;敏感 ② 积极特性:有适应周围环境以及人的能力;能促进团队的合作 ③ 能容忍的弱点:在危急时刻往往优柔寡断	① 给予他人支持,并帮助别人 ② 打破讨论中的沉默 ③ 采取行动扭转或克服团队中的分歧
完美主义者	① 典型特征:勤奋有序;认真;有紧迫感 ② 积极特性:理想主义者;追求完美;持之以恒 ③ 能容忍的弱点:常常拘泥于细节;容易焦虑,不洒脱	① 强调任务的目标要求和活动日程表 ② 在方案中寻找并指出错误、遗漏和被忽视的内容 ③ 刺激其他人参加活动,并促使团队成员产生时间紧迫的感觉

（二）团队凝聚力打造

打造团队的凝聚力,可以从以下几个方面入手。

1. 信任

信任是网点团队建设的基础,也是团队凝聚力的核心。它包含两个方面,一方面,团队成员之间、团队领导与成员之间要相互信任;另一方面,包括领导在内的每一位成员要做到诚信,努力打造自己的信任力。

2. 协作

团队成员的岗位不一样、特点不一样,如果团队成员之间缺少协作,就难以协调一致地完成客户服务工作。团队的协作可以通过殡葬服务机构组织的团建得以加强。例如,团队成员之间经常举行素质拓展活动,既可以增进成员间的非正式沟通,也可以增加团队成员间的协作,增强凝聚力。

3. 分享

每位员工可以利用晨会等形式分享工作的成就、经验、教训,分享服务客户的感受、想法。这样不仅有利于提高员工的服务技能和水平,也增进了员工之间的感情联系,增强了团队凝聚力。

4. 团队文化

一个团队要想成熟、规范、高效，一定要有自己的团队文化。团队文化是建立在信任、沟通、分享的基础之上然后逐渐形成的。

四、服务网点规章制度建设

无规矩不成方圆，各服务网点应在殡葬服务机构规章制度的基础上，再结合本网点的实际，制定相应的规章制度。

1. 网点行政管理制度

该制度包括文件管理制度、接待管理制度、档案管理制度、保密制度等。

2. 网点经营管理制度

该制度包括业务开展计划制度、日常业务管理制度、价格管理制度、出车制度等。

3. 网点人事管理制度

该制度包括员工招聘制度、员工调配制度、员工合同制度、考核制度、奖惩制度、员工培训制度、员工升降辞退制度、员工工资、员工福利、员工劳动保险制度等。

4. 网点财务管理制度

该制度包括会计、出纳、财务制度，以及票据管理制度、报账管理制度、成本管理制度等。

五、服务网点的管理

殡仪服务网点的建立并不是网点建设的终点，而是服务网点建设新的起点。服务网点的建设与管理是长期的，只有加强其管理，殡葬服务网点才能真正发挥作用。此处的管理主要分为两方面：一是殡葬服务机构对服务网点的管理；二是服务网点的日常管理。

(一) 殡葬服务机构对服务网点的管理

1. 总体发展战略的执行情况

各服务网点是殡葬服务机构的主要组成部分，是殡葬服务机构总体发展战略的具体实施者。因此，服务网点的执行情况对殡葬服务机构的经营发展会产生巨大的影响。在服务营销中，任何细节的疏忽都会影响其效果。这里主要有两方面要注意：一是服务网点负责人对机构总体发展目标的执行情况；二是员工在具体工作中对方针政策的执行情况。

2. 业务量的完成情况

业务量是殡葬服务机构生存的根本，殡葬服务机构要每月对服务网点业务量进行汇总分析。殡葬服务机构对业务量的管理主要有三方面的作用：一是对做得好的服务网点进行激励，总结其成功的经验；二是及时发现业务做得不够好的服务网点的问题，找到好的解决方法；三是可以组织服务网点之间进行经验交流。当然，也不能一味地强调某一时间的业务量，还要注意市场的培育等问题。

3. 财务的监察

财务是公司最敏感的事情，也是容易出问题的环节。有的服务网点是收费的，而价格也是客户最为关注的。在此要注意做好两点：一是服务价格实行明码标价，对外公开。这既可以避免工作人员在服务过程中随意要价，也可避免服务网点与客户之间在价格方面的争议。二是公开服务网点的财务情况，这样可以避免一些无端的猜疑。

4. 管理人员的培训

管理人员的素质对服务网点的发展起着重要的作用。但管理人员的素质不是天生的，即使在其他岗位有工作经验，并不代表在现在的岗位上就能做好。殡葬行业是一个特殊的行业，在经营中有其特殊性，而且一般接触和关注此行业的人比较少。因此，对管理人员的培训主要有三个方面：一是公司的情况，包括经营理念、发展目标、未来规划等；二是行业的状况和经营的业务技巧；三是管理能力的培养，主要包括沟通能力、语言表达能力、组织协调能力等。

5. 与服务网点员工的交流

服务网点的建立，也说明殡葬服务机构具有了一定的发展规模。随着殡葬服务机构的发展，殡葬服务机构管理者将会把更多的注意力放在重大问题的处理上，而忽视与基层员工的交流。社会市场处在不断的变化中，如果管理层与基层之间交流中断，基层的一些信息和问题就难以反映到管理层。这样，殡葬服务机构在制订发展策略时就有可能脱离实际。长期如此，将可能影响殡葬服务机构的发展。因此，殡葬服务机构管理者每隔一段时间要与服务网点的工作人员进行交流，了解他们在实际工作中遇到的问题。

（二）服务网点的日常管理

服务网点的日常管理是服务网点正常运转的需要，也是服务网点正常发挥其功能的需要。服务网点的日常管理主要注意以下几方面的问题。

1. 建立可靠畅通的业务信息渠道

可靠畅通的业务信息渠道，是服务网点能第一时间接触客户的必要保障。因此，服务网点建立后最主要的工作就是在不违法的情况下，与医院、养老机构、社区建立起持久良好的联系。现在，社会上有一些殡葬服务个体户以信息付费的方式从医院医生、护士那里获取信息，从而引发官司。在建立信息渠道时，不能采取这种"捷径"。而应通过平时的宣传活动，使客户提前就对服务网点有较多的了解；或者是以优良的服务感动客户，再通过客户的口碑进行宣传。这就需要服务网点平日多作宣传，了解服务网点范围内客户的情况，同时也使客户熟知服务网点的服务。

2. 培训业务人员的业务技能

随着殡葬行业的发展，竞争越来越激烈，业务人员的业务技能也就显得更为重要。长期以来，殡葬行业以民政部门管理和运营为主，市场竞争不明显，所以也不需要更多的业务技能，再加上人们的忌讳心理，很少有人关注这个行业。这就导致殡葬行业的书籍特别是业务技能方面的书籍几乎没有，给业务人员的自学造成一定的困难，而且业务人员自己慢慢积累知识需要时间。如果不帮助业务人员提高业务技能，很容易导致两种不良后果：一是业务人员遭受失败而失去信心；二是直接影响服务网点的发展。业务技能培训主要包括：客户心理、拜访客户的技巧、业务洽谈的技巧、处理客户异议的技巧、殡葬宣传的技巧等。

3. 宣传产品、服务、价格等

在信息社会里，殡葬行业和其他行业一样，宣传越来越重要。由于目前人们还难以接受殡葬服务以广告的形式宣传，因此对殡葬服务机构的产品、服务、价格的宣传就成为服务网点的主要工作。宣传的方式主要有公益活动和优质服务的口碑传播。

4. 宣传殡葬服务机构文化

殡葬服务机构文化是殡葬服务机构的灵魂，是凝聚员工的黏合剂，也是员工获取工作动力的源泉。因此，服务网点负责人要利用各种机会向员工宣讲殡葬服务机构文化。

5. 促进业务人员的工作交流

殡葬行业虽是一个古老的行业，但是从现代市场化运作的角度来看却是一个崭新的行业。在服务营销中不可避免地会遇到这样或那样的问题，业务人员有必要进行日常的工作交流。业务人员的工作交流可以起到三个方面的作用：一是员工在工作中如果遇到难以解决的问题（如拜访的失败），可以通过大家的交流找到解决问题的最佳办法；二是大家可以一起总结办理业务中的好的经验，运用到今后的工作中；三是可以激励员工，成功者在与大家分享自己成功的经验时，其内心的喜悦是难以形容的，从而以后更加努力地工作，其他员工也可以以他为榜样激励自己。

6. 培养团队精神

殡葬服务机构的成功，不是靠某一个或几个人就能做到的，而是靠整个团队的拼搏。服务网点在日常工作中要注意员工团队精神的培养，可以从开展各种活动、关注员工的日常生活等方面入手。

7. 激励员工

一般认为，给员工提供更高的薪酬、更好的待遇就可使员工快乐，达到激励的效果。金钱是激励员工的主要因素，一个稳固的报酬计划对吸引、保留优秀人才的确非常关键，但在实践中金钱并不是唯一的解决办法。原因很简单，金钱所起到的激励作用具有短时性，而殡葬服务机构希望的激励却是长期性的。事实上，一些非现金却能有效激励员工的方法一直被殡葬服务机构管理者所忽视。

（1）称赞　这是认可员工的一种形式。殡葬服务机构的管理人员大都吝于称赞员工，有部分管理人员则将此归咎于缺乏必要的技巧。其实，称赞员工并不复杂，根本无需考虑时间与地点的问题，随处随时都可以称赞员工。如在会议上、公司主持的社会性集会上、午宴上或办公室里，在轮班结束、轮班之前、轮班之中的任何时间都可以给予一句话的称赞，可达成意想不到的激励效果。当面的赞扬会取得更好的效果，关键在于及时。当有理由来表扬一个人时，不要因为任何原因推迟。要记住，反应快捷等于有效，不要让时间悄悄流逝，而要抓住任何一个立即传达赞扬能带来积极影响的机会。

（2）职业生涯　员工都希望了解自己的潜力是什么，他们将有哪些成长的机会。在激励员工的重要因素中，员工的职业生涯问题经常被遗忘。其实，在组织内部为员工设计职业生涯可以起到非常明显的激励效应。尽管特殊的环境要求殡葬服务机构从外部寻找有才干的人，但如果内部出现职位空缺时总是最先想到内部员工，将会给每一名员工发出积极的信息：在公司里的确有更长远的职业发展。

（3）工作头衔 员工感觉自己在公司里被重视是提升员工工作态度和士气的关键因素。在使用各种工作头衔时，要有创意一些，可以考虑让员工提出建议，让他们接受这些头衔并融入其中。基本来说，这是在成就一种荣誉感，荣誉会产生积极的态度，而积极的态度则是成功的关键。

（4）良好的工作环境 在员工看来，工作环境是非常重要的，这是影响员工满意度的一个重要因素。从门面装饰上来看，办公室是否看起来不错？是否有装饰画、植物和颜色鲜亮的墙漆？这些通常属于能使人们感觉环境不错的因素。员工的工作场所有足够的空间吗？会不会像挤在一个"沙丁鱼罐头"中工作？工作设备如何？桌子的尺寸是否合适？椅子坐着舒适吗？服务机构工作人员之间是否团结？这些都是良好工作环境的一部分。

（5）给予一对一的指导 指导意味着员工的发展，而管理人员花费的仅仅是时间。管理人员的指导会使员工感觉自己被重视，而且重点要传达给员工肯定的反馈，在公众面前的指导更是如此。在公共场合要认可并鼓励员工，这对看见、听见这件事的其他人来说会起到一个自然的激励作用。

（6）领导角色 让员工尝试领导的角色，不仅可以有效地激励员工，还有助于识别未来的备选人才。让员工主持短的会议；通过组织培训会议发挥员工的力量及技能，并让其中的一名员工领导这个培训；当某位员工参加外面的研究会或考察后，指派其担任培训会议的领导，让他简短地对其他员工说明研究会相关的内容及重点等都是不错的方式。还可考虑让员工领导一个方案小组来改善内部程序等。

（7）培训 在实践中，不少管理人员认为"我的员工已经培训过了"或"我的员工很不错，他们仅仅需要一点点的培训"。这种观念其实是错误的。给员工提供培训本身就是最好的激励方式，这种培训并不一定是由外部提供的，可以由经理人员讲授或是内部员工交流式培训。参加外部培训是员工喜欢的一种奖励方式，利用外部培训作为团队内的竞赛奖励可起到非常明显的激励效果。外部培训的参加者在返回时可以为其他员工在研讨会上作一个简要的介绍，这样就可使每个人都以极小的成本获得知识与经验。

（8）团队集会 不定期的办公室聚会可以增强凝聚力，同时也有助于增强团队精神，营造一个积极向上的工作氛围。如中秋节前的晚会、元旦前的野餐、重阳节的爬山、三八妇女节前的出游、员工的生日聚餐等，这些都可以成功地将员工聚到一起，度过快乐的时光。这些美好的回忆会让员工感受到团队的温馨。

课后思考与训练

1.小 A 同学从学校毕业后来到陌生城市的一个陵园上班，主要做墓园的销售工作，可是半年时间过去了，他一个客户也没找到。请你帮他想想办法，他该怎么做？

2.人们常说做生意千万不要找熟人。如果有熟人向你咨询购墓的事情，而你正好在那里的墓园工作，你准备怎么做？

PPT课件

第六章
殡葬服务营销的过程设计

🔔 学习目标

1. 掌握了解客户信息的主要方法。
2. 掌握服务蓝图的内涵。
3. 掌握殡葬服务蓝图设计的方法。
4. 掌握殡葬服务后期管理（售后）的工作职责及具体内容。

🔔 思政与职业素养目标

通过对营销过程设计的学习，培养严谨认真、精益求精的务实精神。

第一节　了解客户信息

中国有句古话："知己知彼，百战不殆。"殡葬服务营销也是同样的道理。当殡葬服务人员接近一个客户的时候，要做的第一件事情就是搜集客户的相关信息。只有掌握客户详尽的信息，才能做好客户的顾问，为客户提供合适的殡葬产品与服务。了解客户信息，殡葬服务人员才能更好地接近客户，能够有效地跟客户讨论问题。

【案例】

有一年清明，某公墓的工作人员小张接待了一位大妈，她一来就问公墓里最贵的墓位多少钱。在交流中小张了解到，这位大妈是来给她去世的女儿买墓位的。于是，小张在整个交流过程中非常细心，生怕不经意间触痛了她。在聊天中大妈几次聊起她女儿的事情，都泪流满面，小张也忍不住跟着流眼泪。

在聊天的过程中小张了解到，大妈就一个女儿，女儿平时也非常孝顺。女儿出车祸后，对方赔了一笔钱，大妈带着所有的赔偿金来到公墓，想为女儿买个好地方。但是大妈的家庭条件并不好。于是小张就劝大妈：女儿能入土为安就可以了，而且国家提倡节地生态安葬，不必把大量的钱花费在买墓位上，赔偿金也包含了一部分养老的钱，让自己的日子过好一些，女儿在天之灵也能得到安慰。最后，大妈听从了小张的建议，安葬了女儿，小张还成了大妈的知心朋友。

通过上述案例可以看出，了解客户信息对指导客户正确消费非常重要。案例中看似工作人员在与大妈聊天，实际上是在了解客户的信息，了解客户信息的目的是为客户消费提供指导，做好客户的"顾问"。正因为这样，小张才获得了大妈的信赖，成为客户的朋友。

一、搜集客户的基本信息

（一）基本信息的内容

客户的基本信息包括：客户的家庭成员状况，如家庭成员数、家庭的决策人等；家庭职业状况，如家庭成员从事的职业、家庭成员的工作地点；家庭的经济状况，如家庭的收入、家庭成员的单位状况等；家族墓地情况；等等。

（二）其他了解客户信息的途径

1. 依据客户外在特征推测客户信息

可以依据客户的代步工具、穿着、所用手机等来推测客户的经济条件，但这种推测的可靠性不是很稳定。

2. 通过媒体搜集本地客户信息

如今有各种以人物介绍为主的媒体报道，可在这些报道中寻找本地的人物。如主要介绍对人们的生活产生重大影响的人、在与命运的抗争中彰显人类向善力量和深邃驳杂的人性魅力的报道。可以以这些媒体报道中的人物为线索，搜集相关客户信息。该途径主要针对潜在客户中的大客户，目前行业中部分企业已有涉及。

3. 设置合理程序了解客户信息

目前殡葬服务机构业务洽谈基本是按服务流程的先后顺序进行。能不能改变洽谈流程，将最能了解客户信息的环节放在洽谈的第一环节呢？首先需要思考是否有能够全面了解客户信息的环节。了解殡葬服务的各个环节就会发现，绝大部分地方告别仪式上的花圈几乎反映了逝者全部的社会关系。因此，在业务洽谈前可以考虑设置一道程序，请家属将送花圈的个人与单位填好，然后再正式开始洽谈，这样在业务洽谈中就可依据送花圈人员的客户信息为其提供合适的服务。

二、了解客户的心理需要

丧事活动不只是完成对逝者遗体的处理，更多的是满足客户情感与心理的需要。因此，在为客户介绍服务项目或产品时，有必要了解客户的心理需求。

（一）道德需要

人们的丧葬行为虽受法律控制，但当地丧葬习俗也对人们的丧葬行为产生直接影响。因为习俗有时也会成为群体成员内心的信念，一旦得到认同，就会在群体成员中形成一种潜在力量，从而约束、支配着群体成员的行动。而且其具有一定的模糊性和牵涉面广的特点，违背一条规则就会波及一个人的整个道德性，引起全面否定。如有的人宁可选择违法（遗体从城镇拉到农村土葬）也不愿接受省钱、文明、环保、卫生的火葬，这不只是因为人们受封建迷信、陈规旧俗等观念上的影响，更主要的是按习俗为逝者所做的各种项目有时也会是当地传统孝道伦理的标准。如遇到这种情况，我们可以按照时代发展要求，以榜样人物或村规民约的方式重塑其认知。

（二）情感诉求

从科学理性的角度看，面对临终者理论上不该悲伤，而应该做到基于关爱的临终陪伴，要超越个人的主观情绪，形成当下直观的感情交流；应运用临终时刻发展出最大亲密联结的感情关怀，陪伴临终者共享人生的最后旅程。

传统丧礼在构建过程中充分考虑了人的情感需求，"缘人情而制礼，依人性而作仪"，每一道礼制的流传，都有适应人们生活与情绪调节的作用。这是长期生活经验的智慧累积，引领人们克服丧亲后的各个悲伤阶段进入复原阶段，是顺应丧亲者情感调适而设计的礼仪布局，让丧亲者的情感在仪式进程中得到释放，以及面对死亡时能有着更成熟的心态与对应技能。

如初丧时期对遗体进行初步的整理，在悲恸的情绪中也得打起精神为逝者料理后事，以亲近与修饰遗体，表达丧亲者对逝者身体的敬意与尊重。在亲密的肢体接触中来忘却对死亡的恐惧，强化事死如事生的情感交流。此一阶段是感情最为悲伤的时期，较容易产生激动与紊乱的悲伤情绪，因此要特别强调孝亲的礼仪，以尽人伦之情来传达哀伤之意。这种礼仪具有移情作用，忙于孝亲的行动中，无暇顾及悲伤。通过固定的仪式，提供了一个特定的时间和空间，完成与丧失的客体的分离。在这种仪式化的哀悼过程中，人们由丧亲带来的痛苦得以修复。

（三）习俗需要

因为地理、气候、民族、宗教、信仰、传统等的不同，各地的殡葬消费习俗会有所差异，殡葬服务营销人员只有把握好习俗特点才能了解客户。以落葬时间为例，有的地方习俗是清晨太阳出来以前，有的地方则是在中午十二点之后，而福建有的地方落葬时间则为涨潮的时候。

（四）同步需要

大多客户都有追求同步心理的需要。人是在社会中生活的，在与他人接触中产生比较是难免的，邻居间、同事间、亲友间会有意无意地产生一定的攀比现象。这种心理不一定健康合理，但这是一种客观存在的事实。在殡葬消费者中，一般会产生追求时下与群体中多数成员保持一致的心理，这在消费行为中被称为同步心理需求。归根结底，一定时期的消费潮流、消费习惯、消费心理以及消费者之间的相互仿效是产生此种心理的原因。

三、了解客户信息的方法

提问可以是一种方式、一种工具、一种手段。在殡葬服务营销中，常常被销售人员当作"武器"。通过提问，销售人员可以了解到客户的基本信息，这些信息包括客户的基本需求和潜在需求，并根据他们的需求提供必要的服务。

SPIN 提问法又称 SPIN 销售法，它由四种类型的提问构成，并且每一种类型的提问都会有相对应的目标。或者说，四个类型的提问诠释了一个销售过程的四个阶段。因此可以看出，四个类型的问题独立且统一，其终极目的只有一个：挖掘、引导客户的需求，将客户需求转化为实际销售。

"SPIN"中的S，英文全称是situation，意为"情景"。那么"SPIN"中第一个阶段的提问就是情景式提问，也叫背景提问。所谓背景提问，其实就是让殡葬服务人员通过提问了解客户的现状、基础信息以及相关的背景数据，目的在于为下一个阶段的工作做好铺垫。值得注意的是，"背景提问"的项目通常比较多，也比较复杂。有的客户所面临的实际情况比殡葬服务人员得到的答案还要麻烦。这就需要殡葬服务人员从无数个背景答案中进行筛选，选出那个最核心、最关键的问题和答案。除此之外，殡葬服务人员在提问的过程中应该坚持自己的思路，不要被客户的答案所扰乱，也不要被客户的反问牵着鼻子走。在整个过程中，殡葬服务人员可以采取"夹问夹答"的方式进行，并且及时将客户反映的信息进行记录整理。

"SPIN"中的P，英文全称是problem，意为"难题"。那么"SPIN"中第二个阶段的提问就是难点提问，也就是难点问题。顾名思义，难点问题就是客户所面临的种种困难、疑惑和不满，这些情况靠自己的能力无法解决，只能通过第三者介入的方式化解。那么殡葬服务人员在这个阶段充当怎样的角色呢？这个阶段的奋斗目标很简单，就是让自己的产品解决客户的诉求。如果客户对产品不了解，殡葬服务人员则应充当产品解说员的角色，其角色任务就是将客户的困难和疑惑转化成"暗示需求"。

"SPIN"中的I，英文全称是implication，意为"暗示"。那么"SPIN"中第三个阶段的提问就是暗示提问，也就是客户所隐藏的问题。事实上，暗示问题就是客户的"暗示需求"，因为无法正面表达而被隐藏起来。这样的问题需要殡葬服务人员通过提问一步一步引导，让隐藏的"东西"浮出水面。殡葬服务人员完全可以借助这种提问探寻客户的"暗示需求"。这个阶段提问的目的就是竭力将客户的"暗示需求"转化为"明确需求"。当然，这个过程需要殡葬服务人员有耐心，遇到难缠的客户也不要采取"逼问"的方式。如果殡葬服务人员能够顺理成章地将一般问题引申为重点问题，客户会因此产生相关的需求。

"SPIN"中的N，英文全称是need-pay off，意为"解决"。那么"SPIN"中最后阶段的提问就是解决提问，也就是要解决客户的需求问题。在这个阶段，提问并不是最关键的。殡葬服务人员应该注重回答客户的几个提问，比如解决问题的方法、带来价值的大小。如果殡葬服务人员的答案可以打消客户的种种疑虑，就会将"明确需求"转化为可以操作的实际订单。

"SPIN"提问法是一个阶段式提问法，需要殡葬服务人员有一定的掌控能力和熟练运用能力。因此需要殡葬服务人员通过内训或者练习不断提升熟练程度，只有这样才能够在"实战"中发挥威力，赢得客户的信任。

提问的方法还有很多，如"5W2H"提问法，也叫七何分析法。"5W2H"中的"5W"分别是：why，为什么这么做，这么做的意义是什么；what，做什么，理由是什么，目的又是什么；where，在哪里做，从哪里下手；when，什么时间做，什么时间机会最好；who，由谁来负责，由谁完成，目标又是谁。"2H"分别是：how，怎么做，怎么增加收入，怎样扩大影响，方法如何执行；how much，数量是多少，做到什么程度，带来的利润是多少。这种方法非常简单，易于操作，广泛应用于现代营销。如果服务人员掌握了这种提问法，有助于弥补思考漏洞，提高工作效率和执行力。

第二节 殡葬服务蓝图

殡葬服务过程设计包括制定殡葬服务机构服务生产的程序、操作方针、组织机制，也涵盖对家属参与服务的规定、对家属行为的指导等。家属在办理丧事的时候都希望有专业的工作人员为其办理丧事，工作人员要思考如何让家属感受到自身的专业性，加强有形展示。如在介绍丧葬用品时，能介绍丧葬用品的文化内涵、源流演变、使用规范等；在征询家属购买意向时，不使用"要不要"三个字问询。这就要求系统全面地设计与管理殡葬服务过程，提升服务质量。为此，可以借助服务过程设计工具——服务蓝图进行殡葬服务过程的设计与管理。

一、服务蓝图

（一）服务蓝图的概念

服务蓝图是一种有效描述服务提供过程的可视技术，它是肖斯塔克在研究了工业流程设计和工作流程控制的技术后，设计出的一种服务设计研究工具。它是一种整体观察方法，它使人们在类似定格照片的形式下，看到实质上是动态的、活生生的现象，从而使服务过程和服务系统具体化和可视化。服务蓝图不仅要考虑创造和传递服务所需要的每一项活动，还要详细说明这些活动之间的联系。为了实现过程设计的目的，一张蓝图要记录一项特定服务过程中的所有步骤和发散点，这种记录所需达到的详尽程度要能用于区分任何两种互相竞争的服务。因此，服务蓝图使服务能在画板上被"设计"出来，服务蓝图成为识别差距、分析竞争者、辅助市场调研和控制实施过程的工具。

服务蓝图包含了服务流程、在服务过程中参与的所有利益相关者、接触点等内容。通过整个服务过程逻辑化和具象化的展现，可以给设计团队带来进一步的思考，也可以给客户带来直观的了解，使得设计团队与客户可以及时进行沟通。接触点在服务设计中是一个非常重要的概念。接触点可以通过很多方式进行定义，例如与关键人物面对面交流，记录他们在体验服务或者提供服务中所接触的关键流程。记录方式包括：可以聆听他们的意见并转化成自己理解的短句，可以通过录音、录像的方式保留受访者最原始的回答；还可以自己感受整项服务，来拟出服务的接触点。

（二）殡葬服务蓝图的构成

殡葬服务蓝图主要包括 8 个构成要素（图 6-1），其中包含 3 条分界线（互动分界线、可视分界线和内部互动分界线）、4 个主要过程（顾客行为、前台员工行为、后台员工行为和支持过程）以及服务的有形展示。服务蓝图的常规绘制并非一成不变，因此，所有的特殊符号、蓝图中分界线的数量以及蓝图中每一组成部分的名称，都可以因其内容和复杂程度而有所不同。

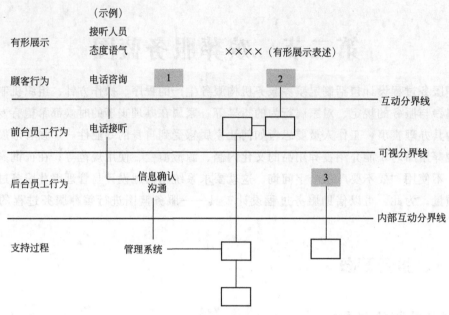

图 6-1　服务蓝图构成要素示意图

以客户电话咨询为例，图中的"1"表示客户行为与前台员工没有直接"接触点"，故没有有形展示；图中的"2"表示与电话咨询示例相同；图中的"3"表示后台员工行为对服务有支撑，但没有直接支持的前台员工行为。

1. 顾客行为

顾客行为包括顾客在业务洽谈、礼仪服务、火化服务、安葬服务和评价服务过程中的步骤、选择、行动和互动。例如，在礼仪服务中顾客行为可能包括决定合适的礼仪场所、礼仪服务内容、电话咨询、与殡葬服务人员面谈、确定丧礼规模、参与服务、付款等。

2. 前台员工行为

前台员工行为指殡葬服务过程中顾客能看到的服务人员表现出的行为和步骤。例如，在殡葬服务过程中顾客可以看到前台接待人员、业务洽谈人员、礼仪服务人员、安葬人员等的行为表现。

3. 后台员工行为

后台员工行为指发生在殡葬服务后台的、顾客见不到的、用来支持前台行为的员工服务活动。例如，殡葬服务单位在幕后所做的准备工作，以及顾客与前台一线员工的电话联系等。

4. 支持过程

支持过程包括殡葬机构内部服务和支持服务人员履行的服务步骤和互动行为。任何支持性的服务，如服务用品、文件资料、环境卫生、音乐等准备工作都包括在蓝图支持过程的部分中。

5. 有形展示

服务蓝图最上面是服务的有形展示。最典型的方法是在每个接触点的上方都列出服务的有形展示，表示此刻展现在顾客眼中的有形环境和有形物。例如，顾客进入殡葬机构可以看到外部装饰、员工着装、服务项目、服务价格等事宜。

6. 分界线

第一条是互动分界线，表示顾客与殡葬组织间的直接的互动。一旦有一条垂直线穿过互动分界线，即表明顾客与组织之间直接发生接触或一个服务接触产生。

第二条是极为关键的可视分界线，这条线把顾客能看到的服务行为与看不到的服务行为分隔开来。看蓝图时，从分析多少服务在可视线以上发生、多少服务在可视线以下发生入手，可以很轻松地得出顾客是否被提供了很多可视服务。这条线还把服务人员在前台与后台所做的工作分开。

第三条是内部互动分界线，用以区分服务人员的工作和其他支持服务的工作人员及工作。垂直线穿过内部互动线代表发生内部服务接触。

服务蓝图与其他流程图最为显著的区别是，它包括了顾客及其看待服务过程的观点。实际上，在设计有效的服务蓝图时，值得借鉴的一点是从顾客对过程的观点出发，逆向工作导入实施系统。每个行为部分中的框图表示相应水平上执行服务的人员执行或经历的服务步骤。

⇒ 二、影响殡葬服务过程的因素

了解服务蓝图的目的是用它指导殡葬服务，对殡葬服务过程进行管理，提升殡葬服务质量。因此，有必要了解影响殡葬服务过程的因素。从服务蓝图的角度看，主要是两大方面：一是"接触面"的过程影响因素；二是支持系统的过程影响因素。

（一）"接触面"的过程影响因素

殡葬服务离不开家属的参与，殡葬服务中家属与殡葬服务机构的接触就形成了"接触面"，家属所能体验到的殡葬服务过程的特性就产生于这个重要的"接触面"。影响"接触面"产生的有以下几个因素。

1. 殡葬服务过程中的顾客

殡葬服务的生产过程与顾客（包括逝者、家属及参与丧事活动的亲朋好友）消费过程的同时性及殡葬活动的特殊性决定了顾客必然要参与到服务过程中来。因此，顾客在殡葬服务机构的服务体验具有即时性、瞬间性、实地性。殡葬服务过程中任何一个小差错或服务不到位都可能引起顾客对服务不满意，且无法挽回。

2. 与顾客接触的员工

在殡葬活动的业务洽谈、遗体接运、遗体告别、手续办理、遗体火化、安葬、结算等环节中，员工都会与顾客接触。接触顾客的殡葬员工即服务的一线人员，其地位很重要，他们需要在关键时刻通过观察、问答和对顾客行为作出反应来识别顾客的愿望和需求，在发现问题时及时采取对策。

3. 殡葬机构的服务系统和运行资源

其具体包括殡葬业务办理系统、在线服务系统、服务展示系统等。服务系统和程序会影响服务与执行任务的方式，并且对服务质量有双重影响。首先，顾客必须和这些系统互动，所以它们直接影响顾客对服务质量的感知。例如，当顾客填写的文件太烦琐时，顾客就会感觉服务质量较差。其次，服务系统和程序对员工作业也有影响，如果服务系统太陈旧或太复杂，操作此系统的员工会因此产生较差的服务体验，进而影响服务质量。

4. 有形资源和设备

它们构成了服务流程中的服务环境，包括服务项目价格表、殡葬服务行政主管部门的监督电话、服务项目、客户须知、办公物品的摆放、服务项目介绍册、休息座椅、室内布置与装修、音乐等。它们是一切对服务接触有积极认知帮助的氛围和有形因素，共同构成了服务流程的可视部分。顾客、员工、运行系统资源在此环境中相互作用。这些有形资源和设备对服务质量起着不容忽视的作用，因为顾客可以在此环境中感觉到自己参与服务流程时的难易程度，以及得出服务环境是否友好的结论。例如，在服务大厅里摆放自助咖啡机、糖果、沙发、报纸、杂志等，将这些提供给等候服务的顾客，这些有形资源无形中提升了顾客对服务质量的感知。

（二）支持系统的过程影响因素

支持系统是殡葬服务机构背后支持前端开展服务的系统，虽然顾客看不见支持系统，但殡葬服务机构不能因为顾客看不见而有所忽视，反而应该将其纳入服务营销过程的整体设计之中，因为支持系统会直接影响服务互动部分的效率和效果。

1. 系统支持

系统支持是强调在可视线背后的支持系统，与前面互动部分中的系统和运行资源有所不同。例如，殡葬在线服务系统如果速度很慢，无法及时满足顾客在线相关业务的要求，数据库也无法为接触顾客的业务员方便快捷地提供服务信息。这就是可视线后的支持系统影响了服务过程的质量。

2. 管理支持

管理支持决定着殡葬服务机构的文化，即决定殡葬服务组织的共享价值、思考方式，以及工作群体、团队和部门的工作情况。如果管理人员没有为服务团队树立一个好典范，也没有鼓励团队关注顾客和培养团队服务意识，整个服务机构为顾客提供优质服务的动机和兴趣就会减弱，进而妨碍服务过程。

3. 物质支持

殡葬员工与顾客接触并正常完成工作，常常要依赖无法被顾客直接看到的各后台职能部门及其所提供的物质支持，如网络维护、丧葬用品进出库等。这些提供支持服务的职能部门的员工必须将与顾客接触的一线员工视为自己的内部顾客，使内部服务质量与最终提供给顾客的服务质量一样出色，否则一线员工的工作积极性会受挫。若服务过程出了差错，也将影响顾客感知的服务质量。

三、殡葬服务蓝图的使用步骤

殡葬服务蓝图的作用并不仅仅体现在对殡葬服务过程的指导意义，更重要的是在使用服务蓝图的过程中帮助殡葬服务机构识别各种问题。它有助于澄清概念、开发共享的服务规划、识别在服务设计之初无法认识到的复杂性以及确定服务角色和责任等。值得注意的是，服务蓝图的开发使用不是一个人或一个部门能单独完成的，它需要诸多职能部门的通力合作。服务蓝图的使用步骤基本如下。

1. 识别服务过程

首先明确使用服务蓝图的目的和意义。服务蓝图与不同的开发层次相对应，服务蓝图的复杂程度和深入程度也各不相同。可以按流程描绘出一位顾客在殡仪馆或公墓的服务蓝图，服务流程和步骤都相对简单。但如果需要描绘每一环节的详细过程，则整个过程会复杂得多，互动行为也会成倍地增加，此时服务蓝图的复杂程度也将随之增加。实际工作中，如果需要的话，服务蓝图中的任何步骤都可以进一步细化为更为深入的服务蓝图，即子过程蓝图。

2. 识别顾客的服务经历

理论上，殡葬服务机构可以将不同的顾客纳入同一幅服务蓝图之中，但如果服务过程因为细分市场而有所不同，就应该为某类特定的细分顾客群单独开发服务蓝图。此时，一定要避免设计时对细分市场含糊不清，从而保证服务蓝图效能最大化。

3. 从顾客角度描绘服务过程

包括描绘顾客在咨询洽谈、参与服务和服务评价中经历的选择和行为。从顾客的角度识别服务可以避免把注意力集中在对顾客没有影响的过程和步骤上，这要求殡葬服务机构必须明确顾客到底是谁，进而确定顾客感知服务的过程。如果细分顾客群以不同的方式感知服务，则要为每个不同的细分顾客群绘制单独的服务蓝图。然而，殡葬服务机构对顾客所感知的服务的认识可能同顾客的实际感知有差异。比如，家属可能开车去殡葬服务机构，则停车和寻找业务室等也要看作殡葬服务过程的组成部分，而殡葬服务机构却很少把这些环节视为服务的开始。这种认知差异所导致的结果是，殡葬服务机构和服务人员对某些服务环节的忽视，从而影响顾客对服务质量的感知。由此可见，从顾客角度描绘服务过程是非常重要的。

4. 描绘前台与后台员工的行为

画出互动线和可视线，然后从顾客和员工的视角出发绘制服务过程，分别画出前台服务和后台服务。在这一阶段，可以向一线员工具体询问他们的服务行为，分辨出哪些行为是顾客可见的，哪些行为是发生在幕后的。

5. 把顾客行为、员工行为与支持功能相连

在服务蓝图的下端画出内部互动线，它可以反映出员工行为和支持部门之间的联系。若干垂直线穿过三条分界线，把相关联的顾客行为、员工行为和支持过程连接起来。

6. 在每个顾客的行为步骤加上有形展示

这些有形展示列出了顾客可以看到的事物，以及顾客在服务过程的每一个步骤中所得到的有形物品。有形展示必须有助于服务机构提供服务的过程，并且能够与服务机构的整体战略及服务定位相一致。

四、服务蓝图的类型与应用

在服务蓝图实际运用中，按照服务蓝图构成要素的细致程度，我们可将其分为概念性服务蓝图和细节性服务蓝图两大类。顾名思义，概念性服务蓝图主要从整体性上将一项服务流程中的主要关键流程和活动展示出来。该类服务蓝图适合于从全局考虑流程的合理性，通过

每个环节的时间分析、流程分析、关键点分析，全面提升服务质量。细节性服务蓝图则是对概念性服务蓝图中某一个步骤的分解细化，细节性服务蓝图适合于有针对性的员工培训和完善服务细节。此外，服务蓝图还有助于使无形服务有形化，通过每一环节所需的服务设施和服务环境展示可以完善服务的有形部分。

服务蓝图还可以用于关键点分析，通过寻找以下关键点可以从不同侧面帮助殡葬服务机构提高服务水平。比如，识别服务失败点，即容易引起顾客不满的地方，尽可能避免服务失误；顾客等待点，即容易造成顾客长时间等待的地方，设法提高服务效率；员工决策点，即需要服务人员进行判断和决策的地方，给员工授权；顾客体验点，即最有可能增加或强化顾客体验的地方。

第三节　殡葬服务后期（售后）管理

殡葬服务后期（售后）管理是指殡葬服务结束后殡葬服务机构所提供的各种形式的服务活动。从服务营销的角度来看，殡葬服务后期管理既是满足客户需求的需要，也是殡葬服务机构的一种营销方式。殡葬服务（销售）人员要采取各种形式的配合步骤，通过后期服务来提高殡葬服务机构的信誉，扩大殡葬服务机构的影响，在社会树立良好的口碑。

➡ 一、殡葬服务后期管理的特征

① 殡葬服务后期管理是殡葬服务的延伸。
② 各殡葬服务机构的服务内容有所差异，后期管理没有统一的规范。
③ 殡葬服务后期管理没有固定的模式。只要让客户满意、社会满意，有利于改进服务，它就是最佳的方式。
④ 殡葬服务后期管理的质量取决于服务人员的能力、素质，以及领导者对售后服务体系的关注程度。
⑤ 殡葬服务后期管理的价值需要在服务之后相当一段时间，通过客户的反映及殡葬服务机构的效益变化来评定，或者说殡葬服务后期管理工作在做的时候需要领导者给予更多的信任和期望。
⑥ 殡葬服务后期管理是附加在服务产品上体现的，服务产品可以脱离服务人员，但殡葬服务后期管理脱离服务产品，则难以开展工作。

➡ 二、殡葬服务后期管理人员的岗位职责与要求

（一）岗位职责

① 及时做好服务回访，做好登记记录，并将服务存在的问题反馈给相关部门。
② 处理客户投诉电话并准确记录投诉内容，总结反馈客户的建议与意见。
③ 做好上门客户的投诉处理。
④ 做好服务提醒，使用多渠道方式（如电话、短信、邮件等）与客户进行沟通。

⑤ 受理客户申请的业务，及时将需其他岗位协助受理的业务生成电子工单。

⑥ 解答客户的咨询。

⑦ 协助开发新的服务产品，并做好二次销售。

⑧ 做好产品的日常维护。

⑨ 快速掌握公司的新政策、新业务，电话服务过程中积极主动推荐新产品，促使客户产生使用公司产品的意愿。

（二）岗位要求

1. 素质要求

一名合格的殡葬服务后期管理人员，应具备严谨的工作作风、热情的服务态度、熟练的业务知识、积极的学习态度，耐心地向客户解释，虚心地听取客户的意见等。接听电话要求语气温和，开头语为"您好！某某机构"。

2. 业务知识

应该有熟练的业务知识，不断努力学习。只有熟练掌握了与本职工作相关的业务知识，才能准确无误地向客户提供详情咨询、业务查询、业务办理、意见反馈及投诉处理等各项服务，让客户的问题得到解决，并让客户享受到温馨的服务。

3. 工作态度

一名合格的售后服务人员工作的核心就是对客户的态度。在工作过程中，应保持热情诚恳的工作态度，在做好解释工作的同时要语气缓和、不骄不躁。如遇到客户不懂或很难解释的问题时，要保持耐心，直到客户满意为止。始终信守"把微笑融入声音，把真诚带给客户"的诺言，这样才能更好地让自己不断进取。

4. 沟通协调

沟通能力特别是有效沟通能力是售后服务人员的一个基本素质，客户售后服务是跟客户打交道的工作，倾听客户、了解客户、启发客户、引导客户，都是和客户交流时的基本功。只有了解客户需要什么服务和帮助，客户的抱怨和不满在什么地方，才能找出服务机构存在的问题，对症下药，解决客户问题。

三、殡葬服务后期管理的工作

（一）了解殡葬服务机构的服务情况

殡葬服务机构的员工在完成各项服务后，殡葬服务机构会通过各种途径对客户进行回访，了解员工的服务情况及客户对服务的满意度。不过，不同调查表的效果、作用不一样。如表 6-1 虽然也能了解客户对服务的满意情况，但服务究竟有什么问题、这些客户的要求是什么等却很难了解到。服务调查不仅要知道服务是否满足了客户需求，还要了解提供的服务究竟有什么问题、解决方案是什么、客户还有什么好的建议等。表 6-2 就比表 6-1 更具体，对殡葬服务机构改进服务更有参考价值。

表 6-1　A 公司服务调查表

序号	评价内容	评价等级			
1	对服务团队的整体印象	满意 □	较满意 □	一般 □	不满意 □
2	服务人员的服务态度	满意 □	较满意 □	一般 □	不满意 □
3	服务质量	满意 □	较满意 □	一般 □	不满意 □
4	问题的处理、协调能力	满意 □	较满意 □	一般 □	不满意 □
5	服务项目与价格	满意 □	较满意 □	一般 □	不满意 □
6	您认为需要改进的地方				

注：请您在认为合适的选项后的"□"内打"√"。

表 6-2　B 公司服务调查表

序号	评价内容	评价等级				改进建议
1	对服务团队的整体印象	满意 □	较满意 □	一般 □	不满意 □	
2	服务团队的个人形象	满意 □	较满意 □	一般 □	不满意 □	
3	服务团队的服务态度	满意 □	较满意 □	一般 □	不满意 □	
4	服务团队的专业水平	满意 □	较满意 □	一般 □	不满意 □	
5	服务团队处理问题能力	满意 □	较满意 □	一般 □	不满意 □	
6	服务项目与价格印象	满意 □	较满意 □	一般 □	不满意 □	
7	服务项目的多样性	满意 □	较满意 □	一般 □	不满意 □	
8	服务项目的介绍	满意 □	较满意 □	一般 □	不满意 □	
9	服务项目的价格	满意 □	较满意 □	一般 □	不满意 □	

注：请您在认为合适的选项后的"□"内打"√"。

（二）收集客户及服务反馈信息

收集反馈信息是售后服务工作的重要内容，可以评估客户对服务及产品的满意情况，为服务产品的推广、改进提供参考意见。一方面，信息的收集可以从服务回访的过程中获得相应的客户信息和服务（产品）反馈资料；另一方面，可以对接受过服务的客户的信息进行总结分析。分析既要有总体性，又要有单项性的总结，其目的都是为改进服务和创新服务提供依据。

（三）建设机构形象

殡葬服务后期管理工作还肩负着建设服务机构形象的重任。影响服务机构形象形成的主要因素有：服务项目的服务质量、各个窗口部门的服务质量及外观形象、服务机构的后期服务及其社会口碑等。因此建设服务机构形象的手段主要有：建立公共关系、提高后期服务核心的服务工作质量等。

（四）扩展服务

公墓是一种特殊的商品，客户购买后不能拿走，而且一直牵连着客户情感。当客户把自己的亲人安葬在公墓，一般几十年内都会去公墓祭扫亲人。在这几十年里，殡葬服务机构可以充分拓展创新服务，转变经营理念，由"卖地赚钱"转变为"卖服务赚钱"。

（五）处理客户投诉与抱怨

殡葬服务后期管理中，处理客户投诉也是其工作内容之一。虽然绝大多数殡葬服务机构非常注重服务质量，但也不能保证殡葬服务机构的服务会让所有的客户满意，因此需要掌握一些处理客户投诉的方法。

1. "隔离"客户

如果客户到殡葬服务机构投诉，员工要做的第一步就是"隔离"客户。若投诉客户在公共场所吵闹，很容易引起其他客户的关注，甚至会影响殡葬服务机构的正常工作。此时，员工首要的任务不是与客户争辩，而是需要将投诉的客户从公共场所带离至投诉办公室，从而减小对其他客户的影响。

2. "平息"客户

将客户带到投诉办公室后，接下来需要安抚客户的情绪，"平息"客户的不满。因为客户来投诉时，心中基本上都带有不满，客户的本意是表达他的感情并解决他的问题。当客户发泄时，员工回应的最好方式是：闭口不言、仔细聆听。当然，员工在安抚客户时不要让客户觉得敷衍，要保持情感上的交流，认真听取客户的话，清楚判断客户遇到的问题。

3. 聆听要求

在客户情绪稳定后，员工可以询问客户对事情处理的诉求，不要纠结具体的过错方，重要的是解决问题，避免问题扩大。客户有时候会省略一些重要的信息，因此员工的任务是了解当时的实际情况，清楚客户到底要的是什么，了解客户对服务的评判标准。所以，当客户诉说完"遭遇"和不满后，员工要询问客户对事情处理的诉求，要善于把客户的诉求归纳起来。

4. 解决问题

在全面了解事情的基础上，员工需要分析这些问题信息，并向客户做好说明及解释，与客户沟通、协商处理的办法。如果客户提出的要求合情合理，就按照客户的要求办；如果客户提出的要求不合理，最好先制订出解决方案后再询问客户的意见。如果客户接受解决方案，就可以迅速、愉快地实施方案；如果双方难以达成一致，员工可以向上级部门反馈，并提出自己的处理意见，申请领导批准后及时答复客户。

5. 确认签字

在双方同意处理结果后，客户要在确认处理方案后签字，对某些较重大的问题要签处理协议。

6. 建立档案

从接到客户投诉开始，殡葬服务机构要在相关表格上记录投诉的全部信息，如投诉人姓名、地址、电话号码、投诉原因、事情的原委、处理结果等，并及时将表格传递到相关负责人手中。记录人要签名确认，如办公室文员、接待员或业务员等。殡葬服务机构一方面将投诉信息表归档，另一方面要组织相关部门进行讨论，以此为契机提升服务质量，避免同类情况再次发生。

课后思考与训练

1. 请你谈谈了解客户信息的途径有哪些？
2. 根据某殡葬服务机构实际，设计该机构的服务蓝图。
3. 殡葬服务后期管理（售后）工作的内容主要有哪些？

PPT课件

第七章
殡葬服务项目策划

🛈 学习目标

1. 掌握殡葬服务项目策划的方法。
2. 掌握殡葬服务项目策划书的写法。
3. 熟悉殡葬服务项目可行性研究报告的撰写。

🛈 思政与职业素养目标

通过学习服务项目策划与可行性研究报告撰写，培养协调统筹能力与求真务实精神。

第一节 殡葬服务项目策划概述

一、殡葬服务项目策划的含义与特征

（一）殡葬服务项目策划的含义

殡葬服务项目策划是指殡葬服务机构对新的服务项目（产品）进行构思、评价和设计的过程。它包括提出问题、明确方向、确定目标、分析市场、探索方案、论证比较、选优决策和方案实施等基本步骤和环节。服务项目的构思和评价是在深入研究市场和竞争态势的条件下，理性地选择那些具有市场潜力的项目，作为殡葬服务机构开发的对象。通过服务项目的构思及评价能使殡葬服务机构的资源与市场机会得到合理的匹配，避免浪费资源的徒劳开发，以取得合理的投资回报。通过对项目策略的创意设计和对展开过程的精心实施，使项目的结果（产品或服务）更吸引客户或消费者，更具有竞争力，从而达到增强殡葬服务机构资源效力的效果。

（二）殡葬服务项目策划的特征

殡葬服务项目策划是以具体的殡葬服务活动为对象，体现一定的社会性、创造性、系统性、策略性、时效性的大型策划活动。一般来说，殡葬服务项目策划具有如下几个基本特性和专业特征。

1. 社会性

殡葬服务项目策划的社会性是指项目策划要依据国家、地区的殡葬政策等具体实情来进行。由于殡葬具有一定的社会公益性，因此，殡葬服务项目不仅要关注本身的经济效益，也应该关注其社会效益。只有实现经济效益与社会效益的有机结合，才是殡葬服务项目策划的真正意义所在。从某种程度上说，殡葬服务项目策划应该体现一定的社会性，从而使项目更能够为社会大众所接受。

2. 创造性

殡葬服务项目策划是一个创造和创新的过程，它要求殡葬服务机构根据当时当地的竞争环境和自身的实力来拟定超越竞争者的策略，而不是简单地模仿或按部就班。一方面是因为殡葬服务具有一定的地域差异；另一方面是因为创新的服务项目更容易成功。当然，殡葬服务项目也可针对竞争的要求，选择不同的细分市场，暂时避开竞争，或者提供比竞争品牌更好的产品或服务，赢得竞争。

3. 系统性

殡葬服务项目策划要遵循系统性原则。这里所说的系统性包括两个方面：一方面殡葬服务项目策划的各个组成部分、各个子系统之间相互协调统一，以保证服务策划的具体工作和项目目标的最优化；另一方面坚持局部利益服从整体利益，眼前利益服从长远利益，否则将会出现项目策划中的片面行为和短期行为。

4. 策略性

策略性是指殡葬服务项目策划需从客户、竞争者和殡葬服务机构现有资源能力三方面综合考虑，充分发挥殡葬服务机构自身的实力，比竞争对手更有效地为顾客提供服务。项目策划只有充分研究这三者之间的现实和关系，才能拟定出卓越的项目策略，将"资源—产品"的转换过程操作得游刃有余。

5. 时效性

由于在我国各个地区和各个民族都有不同的殡葬文化传统和习惯，同一地区的殡葬文化习俗也会随着社会的发展而添加新的内涵，因此进行殡葬服务项目策划时，不应该忽视传统殡葬文化的影响，应该根据服务项目的目标受众和项目特点，结合当前情境进行有针对性的策划。

二、殡葬服务项目策划的原则

为了保证殡葬服务项目策划的合理性、科学性以及其他各种特性得以充分地体现，在进行项目策划时必须遵循以下原则。

(一) 符合政策

近年来，国家、地方为促进殡葬改革的发展颁布了一系列的文件（具体参见第四章）。项目策划应熟悉这些政策，在符合国家和地方殡葬政策的基础上进行策划，不能做国家明令禁止或与某一地区功能规划相冲突的项目。

（二）信息准确

殡葬服务项目策划是建立在大量信息上的，信息全面和准确是项目策划成功的基础。因此，项目策划前需要进行市场调查预测，以确认当地殡葬服务市场的现实需求、市场供给、市场服务水平等，预测开辟潜在市场的可能性以及潜在市场容量的大小，明确市场的结构分布特征以及未来产品的市场定位等。只有全面了解、掌握市场情况，确保市场环境条件良好，项目策划才有前提和意义。

（三）技术适用

一般来说，殡葬服务项目策划时要高起点、高水平，选用先进的设备、技术和高质量的技术管理人才。采用先进技术服务时不仅需要考虑当地群众的消费水平，还需考虑到现实的人员条件、环境条件和相关的配套条件，以保证技术服务的可操作性、适应性及其效能的充分发挥。

（四）切实可行

项目策划不仅仅指项目立项的策划，还包括立项后对项目团队的策划、项目实施的策划、项目危机管理的策划等内容，是项目实施前对各项工作的规划与计划，另外还要考虑项目风险规避问题。因此，这些内容的策划必须具有切实可行性。

三、殡葬服务项目策划的流程

（一）项目调研

1. 调研内容

殡葬服务项目策划调研的内容需要根据不同的项目内容而确定。一般来说，项目调研活动包括：项目环境研究、项目市场的规模、项目市场的现状、项目市场的特点、项目（产品）趋势研究、项目竞争产品研究、项目竞争者实力研究。

2. 调研要求

项目调研的质量关系到项目策划信息的可靠性。为了保证调研数据的真实可靠，调研时需注意：方法科学，由于项目调研工作的复杂性，需要有一整套科学的调查方法作为成功的保证；方法多样，在项目调研中，不能过分依赖某一种自己熟悉或偏爱的调查方法。对同一个问题可采用不同的方法进行调查研究，从多种渠道获取信息，提高项目调研的可靠性和调研结果的可信度。

3. 调研程序

（1）确定调研主题　项目调研的问题很多，不可能通过一次调研就解决所有的问题，因此，在组织每次项目调研时应找出关键性的问题，确定调研的主题。

（2）明确调研目标　在确定调研目标时，应当努力使问题定量化，提出明确具体的数量目标。根据项目调研目标的不同，调研项目可分为探索性调研、描述性调研和因果关系性调研等类型。

（3）制订调研计划　项目调研专题与目标确定之后，紧接着便是调研计划的制订。调研计划的内容主要包括资料来源、调研方法、费用预算等项目。

（4）实施调研计划　在制订出调研计划之后，就到了计划的实施阶段。这一阶段又具体包括数据资料的收集、加工处理和分析三个步骤。

（5）提出调研报告　调研报告是将调研数据分析的结果用书面化的形式进行总结，也是对整个调研工作的总结。一般来说项目调研报告有技术性报告和结论性报告。

4. 调研技术

项目调研技术主要包括抽样技术、询问技术、设计技术和分析技术。

（1）抽样技术　一般可分为非随机抽样调查和随机抽样调查两类。非随机抽样调查有配额抽样法、任意抽样法与判断抽样法等。常用的随机抽样调查可分为简单随机抽样、分层随机抽样和分群随机抽样等方式。

（2）询问技术　询问技术又包括口头询问和书面询问。口头询问要求调查人员具备敏捷的思维，事先准备好提纲或调查问询表；书面询问要注意问卷调查表的设计。

（3）设计技术　主要是指调查表的设计技术。通常情况下调查表由被访问者状况、调研的内容、调查表填表说明、调查项目、编号几个方面的内容组成。设计调查表的一般程序是：列出调查内容、归纳相关问题、确定调研方式、确定询问方式、确定询问次序、斟酌提问方式、进行小规模效果测试、根据测试结果调整调查表。

（4）分析技术　具体包括编程、归类、编校、计算、列表等程序。

（二）市场选择

按照项目客户的差异性，把殡葬服务市场划分为若干个子市场，这就需要选出自己的目标市场，其策略主要有以下几种。

1. 集中性策略

该策略是指殡葬服务机构集中自己的优势，不是面向整体市场，而是将主要力量放在一个子市场上，为该市场开发具有特色的服务项目。这种策略的成本小，能在短期内取得促销的效果，尤其适合于短期项目活动。

2. 无差异策略

该策略是指项目面向殡葬服务各个子市场，而不是针对某个市场以一种形式在市场中推广开来。这种策略成本比较大，时间比较长，一般适合于大型项目活动。

3. 差异性策略

该策略是指项目从细分市场中选择两个以上或多个子市场作为目标市场，分别向每个子市场提供有针对性的活动。

（三）策划书撰写

项目策划书的主要构件有以下几项。

（1）封面　主要有三方面的内容，即项目名称、编制单位、时间。

（2）目录　一般写到二级标题或三级标题。

（3）内容　是策划书的核心，包括项目的必要性、可行性、具体方案等。

（4）预算　是指预计项目实施所需要的全部经费。

（5）项目进度　是指规划项目实施的时间安排。

（6）相关参考资料　是指项目策划书撰写所参考的其他文献资料。

（四）方案实施

策划方案编订后，需制定相应的实施细则，以保证项目活动的顺利进行和策划方案的有效。应做好以下三个方面的工作。

1. 监督措施

科学的管理应使从上到下的各环节环环相扣，责、权、利明确。只有监督才能使各个环节少出错误，以保证项目活动的顺利开展。

2. 防范措施

事物在其发展过程中有许多不确定的因素，根据经验或成功案例进行全面预测，发现隐患，防微杜渐，把损失控制在最低程度，从而推动项目活动的开展。

3. 评估措施

项目活动发展到每一步，都应有一定的评估手段以及反馈措施，从而总结经验、发现问题、及时更正，以保证策划的事后服务质量，提高策划成功率。

第二节　殡葬服务项目可行性报告的编制

殡葬服务项目可行性报告是殡葬服务机构在开拓殡葬服务项目或产品的前期，通过全面的调查研究，分析论证某个殡葬设施建设、殡葬服务项目切实可行而提出的一种书面材料。其主要用来阐述项目在各个层面上的可行性与必要性，对通过项目审核、获取资金支持、理清项目方向、制订风险防范策略都有着相当重要的作用。

一、可行性研究报告的作用

对殡葬服务项目进行投资，就是为了最大限度地获得经济效益和社会效益，任何投资决策的盲目或失误都有可能导致重大的损失。因此，在殡葬服务项目进行投资前编制可行性研究报告至少在以下三个方面发挥作用。

（一）为科学投资提供依据

殡葬服务项目的投资既有一般项目投资的特征，还有殡葬行业的特殊性。任何一个殡葬投资项目成立都要受到地方习俗、行业政策、技术、经济等多种因素的影响。项目可行性研究正是从这些方面对项目进行分析、评价，从而能够积极主动地采取有效措施，避免因不确定因素所造成的损失，实现项目投资决策的科学化。

（二）为项目实施提供依据

经过项目可行性研究论证后，只有被确定为技术等各方面切实可行的投资项目，才会被列入投资计划并组织实施。在项目实施过程中，可行性研究报告为落实各投资项目的实施条件、建设进度控制、风险防控等项目实施提供依据，为投资项目能够顺利实施作出保证。可行性研究报告是项目实施的主要依据。

（三）为项目评估提供依据

所谓项目评估，是在可行性研究的基础上进行的，通过论证、分析，对可行性研究报告进行评价，提出项目是否可行，是否为最好的选择方案，为作出最后的投资决策提供咨询意见。可行性研究详细计算了项目的财务、经济效益、贷款清偿能力等详细数量指标，以及筹资方案和投资风险等，所以银行可在对可行性研究报告进行审查和评估之后，决定是否对该项目贷款和贷款金额的大小。

二、可行性研究报告的内容

在可行性研究工作完成之后，需要编写出反映其全部研究成果的可行性研究报告。虽然殡葬服务项目的性质不一（有的是场地建设、有的是产品建设、有的是单纯的殡葬服务），但可行性研究报告的大体内容差不多，包括市场研究分析、技术方案研究分析、财务和经济分析等内容。可行性研究报告的具体内容如下。

1. 项目总论

总论作为可行性研究报告的首要部分，要综合叙述研究报告中各部分的主要问题和研究结论，并对项目的可行与否提出最终建议，为可行性研究的审批提供方便。

（1）项目概况　主要包括：项目名称，项目承办单位介绍，项目可行性研究工作承担单位介绍，项目主管部门介绍，项目建设内容、规模、目标，项目建设地点。

（2）项目可行性研究主要结论　在可行性研究中，对项目的产品市场、原料供应、政策保障、技术保障、资金总额及筹措、项目的社会效益和经济效益等重大问题，都应得出明确的结论，主要包括：项目产品市场前景、项目原料供应问题、项目政策保障问题、项目资金保障问题、项目组织保障问题、项目技术保障问题、项目人力保障问题、项目风险控制问题、项目财务效益结论、项目社会效益结论、项目可行性综合评价。

（3）主要技术经济指标表　在总论部分中，可将研究报告中各部分的主要技术经济指标汇总，列出主要技术经济指标表，使审批和决策者对项目有全貌了解。

（4）存在问题及建议　对可行性研究中提出的项目的主要问题进行说明并提出解决的建议。

2. 项目建设背景、必要性、可行性

这一部分主要应说明项目发起的背景、建设的必要性、投资理由及项目开展的支撑性条件等。

（1）项目建设背景　主要包括：殡葬行业发展情况、服务项目发起缘由、项目市场需求情况。

（2）项目建设必要性　主要包括：满足殡葬服务的消费需求、提升殡葬服务水平的需要、推动××区域殡葬改革的需要。

（3）项目建设可行性　主要包括：政策可行性、经济可行性、技术可行性、模式可行性、组织和人力资源可行性。

3. 服务项目（产品）市场分析

市场分析在可行性研究中的重要地位在于，任何一个项目，其市场规模的确定、技术的选择、投资估算等都必须在对市场需求情况有了充分了解以后才能决定。而且，市场分析的结果还可以决定服务（产品）的价格、销售收入，最终影响到项目的盈利性和可行性。在可行性研究报告中，要详细研究当前市场现状，以此作为后期决策的依据。

市场分析主要包括：服务项目（产品）国内（区域）市场调查、服务项目（产品）价格调查、服务项目（产品）市场需求调查、服务项目（产品）市场竞争调查、服务项目（产品）发展前景预测。

4. 服务项目规划方案

（1）服务项目服务能力规划方案。

（2）服务项目技术规划方案　主要包括：项目服务内容规划、服务项目人员规划、服务流程。

（3）服务项目营销规划方案　主要包括：营销整体规划、分阶段营销方式、促销策略。

5. 服务项目场地规划

（1）项目场地平面总体规划。

（2）项目场地布置。

（3）场地建设造价。

（4）人力资源。

（5）项目其他辅助工程　主要包括：供水工程、供电工程、供暖工程、通信工程、其他。

6. 项目环保、节能与劳动安全方案

在项目建设中，必须贯彻执行国家有关环境保护、能源节约、职业安全和卫生方面的法规、法律。项目可能对环境造成的影响以及影响劳动者健康和安全的因素，都要在可行性研究阶段进行分析，提出防治措施，并对其进行评价，推荐技术可行、经济、布局合理、对环境的有害影响较小的最佳方案。按照国家现行规定，凡从事对环境有影响的建设项目都必须执行环境影响报告书的审批制度，同时在可行性研究报告中，对环境保护和劳动安全要有专门论述。

（1）项目环境保护方案　主要包括：项目环境保护设计依据、项目环境保护措施、项目环境保护评价。

（2）项目资源利用及能耗分析　主要包括：项目资源利用及能耗标准和项目资源利用及能耗分析。

（3）项目节能方案　主要包括：项目节能设计依据和项目节能分析。

（4）项目消防方案　主要包括：项目消防设计依据、项目消防措施、火灾报警系统、灭火系统、消防知识教育。

（5）项目劳动安全卫生方案　主要包括：项目劳动安全设计依据和项目劳动安全保护措施。

7. 项目组织计划和人员安排

在可行性研究报告中，根据项目规模、项目组成和服务流程，研究提出相应的企业组织机构、项目定员总数、人员来源及相应的人员培训计划。

（1）项目组织计划　主要包括：组织形式和工作制度。

（2）项目定员和人员培训　主要包括：项目定员及人员来源、年总工资和职工年平均工资估算、人员培训及费用估算。

8. 项目实施进度安排

项目实施时期的进度安排也是可行性研究报告中的一个重要组成部分。在项目可行性研究阶段，需将项目实施时期各个阶段的各个工作环节进行统一规划、综合平衡，作出合理又切实可行的安排。

（1）项目实施的各阶段　主要包括：建立项目实施管理机构、资金筹集安排、技术支持、设备订货、实施准备、建设验收。

（2）项目实施进度表。

（3）项目实施费用　主要包括：建设单位管理费、项目物资筹备费、项目职工培训费、办公和生活家具购置费、其他应支出的费用。

（4）项目筹资方案　主要包括：投资使用计划和借款偿还计划。

（5）项目总成本费用估算　主要包括：直接成本、工资及福利费用、折旧及摊销、日常耗费、财务费用、其他费用、总成本费用。

（6）销售收入、销售税金、附加和增值税估算。

（7）损益及利润分配估算。

（8）现金流估算　主要包括：项目投资现金流估算和项目资本金现金流估算。

9. 项目不确定性分析

在对建设项目进行评价时，所采用的数据多数来自预测和估算。为避免或尽可能减少风险，就要分析不确定性因素对项目经济评价指标的影响。根据分析内容和侧重面不同，不确定性分析可分为盈亏平衡分析、敏感性分析和概率分析。

10. 项目风险分析及风险防控

该部分主要包括：项目建设风险分析及防控措施、法律政策风险及防控措施、市场风险及防控措施、筹资风险及防控措施、其他相关风险及防控措施。

11. 项目可行性研究结论

（1）结论与建议　根据前面各节的研究分析结果，对项目在技术上、经济上进行全面的评价，对建设方案进行总结，提出结论性意见和建议，主要内容有以下几点。

① 对拟建方案建设条件、服务方案、工艺技术、经济效益、社会效益、环境影响的结论性意见。

② 对可行性研究中尚未解决的主要问题提出解决办法和建议。

③ 对应修改的主要问题进行说明，提出修改意见。

④ 对不可行的项目，提出不可行的主要问题及处理意见。

⑤ 可行性研究中主要争议问题的结论。

⑥ 其他结论。

（2）附件　凡属于项目可行性研究范围但在研究报告以外单独成册的文件，均需列为可行性研究报告的附件，所列附件应注明名称、日期、编号。

主要包括：项目建议书、项目立项批文、贷款意向书、环境影响报告、需要的市场预测报告、其他。

（3）附图　主要包括：总平面布置方案图（设有标高）、工艺流程图、其他。

三、可行性研究工作应遵循的原则

（1）科学性原则　也就是要求按客观规律办事。科学性原则是可行性研究工作必须遵循的最基本的原则，用科学的方法和认真的态度来收集、分析和鉴别原始的数据和资料，每项技术分析必须有科学依据。

（2）客观性原则　即要坚持一切从实际出发、实事求是的原则。对建设项目所进行的可行性研究是根据建设的要求与具体条件来分析和论证，从而得出是否可行的结论。

（3）公正性原则　实际上，只要能够坚持前两项原则，也就是坚持科学性与客观性原则，不是有意弄虚作假，就能够确保可行性研究工作的正确和公正，从而为建设项目的投资决策提供可靠的依据。

课后思考与训练

1.殡葬服务项目开发的流程是怎样的？

2.殡葬服务项目可行性研究报告的主要内容有哪些？

3.请结合本章所学选择一个项目主题，开展市场调研。

PPT课件

第八章
殡葬服务有形展示

学习目标

1. 了解殡葬服务有形展示的相关知识。
2. 掌握殡葬服务机构信息展示的方式与途径。
3. 掌握殡葬服务有形展示的方法。

思政与职业素养目标

通过学习殡葬服务的有形展示，培养职业自信。

第一节　殡葬服务有形展示概述

服务不像产品，本身具有无形性的特征。服务机构必须使用一些有形的手段来使服务尽可能有形化，让客户能感知到并且产生对服务机构及其服务的良好印象。有形展示在服务形象提升中有着极为重要的作用，加强对有形展示的管理，努力借助这些有形的因素来突出殡葬服务机构的服务特色，树立殡葬服务机构的独特形象。

一、有形展示的含义

"有形展示"是指在服务管理的范畴内，一切可传达服务特色及优点的有形组成部分。由于服务具有看不见、摸不着的特质，通过服务工具、设备、员工、信息资料等服务线索的引入，可以增强客户对服务的理解和认识，为客户作出决定提供有形线索。在服务营销中，有形展示的范围比较广泛。根据环境心理学理论，客户利用感官对有形物体的感知及由此所获得的印象，将直接影响客户对服务（产品）质量及服务机构形象的认识和评价。在殡葬服务营销中，有形展示的范围不仅包括殡葬服务的环境，还包括所有用以帮助殡葬服务完成的一切实体产品、设施以及人员。

首先，通过感官刺激，让客户感受到服务给自己带来的好处。由于服务产品具有"不可感知性"的特征，所以使用一些有形的手段来使服务产品尽可能实体化，让客户感知到并产生一个初步印象。与服务过程有关的每一个有形展示，例如服务设施、服务设备、服务人员的仪态仪表，都会影响客户感觉中的服务质量。好的有形展示可通过感官刺激给客户留下良好的服务印象，增强殡葬服务机构优质服务的形象。

其次，引导客户对服务产生合理的期望。无形性使得客户对服务的内容和品质不容易形成期望，以致服务机构很难掌握客户的期望。客户的期望是影响客户满意度的原因之一，若无法在提供服务前协助客户形成期望，即使所提供的服务是优质的，也会因不可控制的或错误的期望而影响客户对满意度的评估。因此，在提供服务之前，通过有形展示提高服务的有形程度，有助于客户形成较为一致的期望，也有助于服务机构提供与客户期望比较相符的服务，提高客户的满意度。

最后，影响客户对服务质量的识别和判断，提高客户对殡葬行业和服务机构的信任感。客户会根据各种有形展示，对服务机构产生初步印象，并判断殡葬服务机构的服务质量。为客户提供各种有形展示，生动、具体地宣传殡葬服务机构的服务形象，使客户了解更多本殡葬服务机构的服务情况，增强客户的信任感。

二、殡葬服务有形展示的作用

由于殡葬的特殊性，一般人们不会去了解殡葬服务，而在殡葬服务的过程中，有的环节并没有客户参加。有形展示作为殡葬服务机构实现其服务有形化、具体化的一种手段，在殡葬服务过程中占有重要地位，具体来说主要包括以下几个方面。

(一) 塑造殡葬服务机构形象，使客户产生认同感和信任感

有形展示是殡葬服务营销的组成部分，也是殡葬服务机构展示形象的工具。而殡葬服务机构形象或服务产品形象的优劣直接影响着客户对殡葬服务及殡葬服务机构的选择。客户很难在作出殡葬服务决策之前全面了解殡葬服务机构的服务质量。殡葬服务机构需要树立良好的形象，使客户更多地了解本机构的服务情况，增强客户的认同感和信任感。例如，殡葬服务机构将封闭式的操作空间改为开放式的操作空间，可以向客户展示服务工作的情况，提高服务工作的透明度，使无形的服务有形化。

(二) 影响客户对殡葬服务的第一印象

一般来说，客户的知识和经验越丰富，对殡葬服务越了解，有形展示对他们的消费决策影响就越小。初次接受殡葬服务的客户在接受某项服务之前，往往会根据第一印象对服务作出判断。服务是抽象的、不可感知的，有形展示作为部分服务内涵的载体无疑是客户获得第一印象的基础，有形展示直接影响客户对服务机构的第一印象，因此有形展示对他们的购买决策影响较大。

(三) 促使客户对服务质量产生"优质"的感觉

服务质量的高低并非由单一因素所决定。"可感知"是大多数客户判定服务质量的一个重要特质，而有形展示则正是可感知的服务组成部分。有形展示及对有形因素的管理会影响客户对服务质量的感觉。优良的有形展示及管理能够使客户对服务质量产生"优质"的感觉，因此，殡葬服务机构应强调使用适用于整体服务营销策略的有形展示。通过可见性细节向客户传递机构的服务能力以及对客户的关心，为客户创造良好的环境，提高客户感觉中的服务质量。

(四) 促进殡葬服务机构内部营销

从内部营销的理论来分析，服务员工也是服务机构的客户。由于殡葬服务产品是无形的，客户难以了解服务产品的特征与优点，服务员工作为殡葬服务机构的内部客户也会遇到同样的难题。如果服务员工不能完全了解殡葬服务机构所提供的服务，那么殡葬服务机构的服务员工就不能保证他们所提供的服务符合服务机构规定的标准。所以，管理人员利用有形展示突出服务产品的特征及优点时，也可利用相同的方法作为培训服务员工的手段，使员工掌握服务知识和技能，指导员工的服务行为，为客户提供优质的服务。

此外，做好有形展示管理工作，不仅可以为客户创造良好的服务环境，而且可以为员工创造良好的工作环境，使员工感到管理人员关心他们的工作条件，进而鼓励他们为客户提供优质服务。

三、殡葬服务有形展示的分类

殡葬服务营销中的有形展示所涵盖的范围比较广泛，比如服务设施、服务设备、服务人员、市场信息资料、价目表等都是有形的，这些有形物体都可以为无形的服务提供有形展示。可以从不同的角度对有形展示进行分类，具体有以下几种。

(一) 按有形展示与服务项目内容的关系分类

在殡葬服务营销中，按照有形展示与服务项目内容的关系，可将之分为边缘展示和核心展示两类。

1. 边缘展示

边缘展示是指客户在殡葬服务机构接受服务过程中能够实际感受到的非服务内容本身的展示。这类展示对服务内容本身的价值并不大，但它能影响客户对服务的感知。比如殡葬服务机构业务大厅里通常有服务指南、服务项目、价格公告以及卫生的环境之类的边缘展示。这些代表服务的物品设计，都以客户心中的需要为出发点，它们无疑是对服务机构核心服务强有力的补充。

2. 核心展示

与边缘展示不同，核心展示是指殡葬服务机构在为客户提供无形服务时借助有形可感知的方式展示出来。核心展示比边缘展示更重要，因为在大多数情况下，只有这些核心展示符合客户需求时，客户才会对所提供的服务产生超出期望的感知。殡葬服务（产品）的核心展示可以被分为两类：一类是殡葬服务机构提供的没有客户参与或是仅靠产品外观难以感知的服务，殡葬服务机构通过设计让客户获得感知；另一类是有客户参与的服务，殡葬服务机构通过服务设计让客户获得更好的服务感知。

(二) 按有形展示的构成要素分类

在殡葬服务营销中，按有形展示的构成要素可以分为三种类型，即物质环境、信息沟通和价格。这三种类型不是完全排他的。例如，价格是一种不同于物资设备和说服性信息交流的展示方式，然而价格信息必须通过多种媒介从服务环境传递出去。

1. 物质环境

殡葬服务营销中的物质环境是由背景因素、设计因素和社交因素决定的。

（1）背景因素　背景因素是指客户不能立即意识到的环境因素，例如温度、气味、声音、卫生等因素。只有服务环境中缺乏客户需要的某种背景因素，或某种背景因素使客户觉得不舒服，客户才会意识到服务环境中存在的问题。客户通常假定服务场所的背景环境是完美无缺的。因此，一般来说，良好的背景环境并不能促使客户消费，而较差的背景环境却会影响客户的服务满意度，甚至影响订购服务。

（2）设计因素　设计因素是指刺激客户视觉的环境因素。这类因素用于改善服务产品，使服务产品的功能和特点更为突出，以建立有形的、美观的服务产品形象。与背景因素相比，设计因素更能提升客户的满意度。设计因素又可分为艺术设计（建筑物式样、风格、颜色、规模、材料、格局等）因素和功能设计（布局、舒适程度等）因素两类。服务设施的内外设计都可能会对客户的感觉产生重大影响。

（3）社交因素　社交因素是指服务环境中的客户和服务人员。服务环境中的客户和服务人员的人数、外表和行为都会影响客户对服务质量的评价。服务人员代表殡葬服务机构，服务人员的仪态、仪表是殡葬服务机构极为重要的实体环境组成部分。服务人员衣着整洁、训练有素、令人愉快，客户才会相信他们能够提供优质的服务。

2. 信息沟通

信息沟通也是一种服务展示形式，这些沟通信息来自殡葬服务机构本身以及其他引人注意的地方。从赞扬性的评论到服务展示，从客户的口头传播到企业标识，这些不同形式的信息沟通都传送了有关服务的线索，使服务和信息更具有形性。有效的信息沟通对服务营销策略起到了重要的推动作用。

3. 价格

价格可以为客户提供产品质量和服务质量的信息，增强或降低客户对产品和服务质量的信任感，提高或降低客户对产品和服务质量的期望。客户往往会根据服务的价格，判断服务档次和服务质量。因此，对殡葬服务机构来说，制订合理的价格尤为重要。价格过低，会使消费者怀疑殡葬服务机构的专业知识和技能，降低客户感觉中的服务价值；价格过高，会使客户怀疑服务价值，认为殡葬服务机构有意敲诈客户。当然，有的殡葬服务机构为了打破社会的传言，会使用价格展示的方式。如某殡仪馆在刚进丧葬用品展厅的地方放一款标价为38元的骨灰盒，以此展示其馆内的产品价格并不是社会传言的那么贵。

四、有形展示的方法

（一）运用多种方式

巧妙运用语言文字、影音图像、实景和操作示范等方式展示服务内容和品质。由于客户平时很少接触殡葬服务项目，仅凭工作人员的口头讲解，客户难以形成具体印象。服务机构应利用影音图像、实景和操作示范等方式展示组成服务的有形元素，使无形无质的服务相对有形和具体化，让客户在购买服务前能获得较为客观、具体的印象，判别服务的特征及购买服务后所获得的利益，有效地降低知觉风险（客户的购买决策中隐含着某种不确定性，客户能够知觉到的这种不确定性或者不利且有害的结果就是知觉风险），建立明确的期望、决策分析和评估模式，对产品和服务品质作出评估。

（二）运用数据表现

将服务内容以较明确的数据呈现出来，提高服务的有形程度。在2018年国家殡葬专项整治行动中，特别提出殡葬服务价格应公开透明，殡葬服务机构在公开产品、服务价格的基础上还可以用数据列出员工人数、已服务过的客户人数、服务所需的时间、客户满意度等可量化数据。这不仅可降低客户对服务内容的知觉风险，还有利于客户根据服务价值、有形设备数量和其他相关数值对产品、服务品质作出评价。

（三）文化内涵具体化

做好服务设计文化内涵的解说，用有形实物将文化内涵具体化，使服务内涵尽可能地附在实物上。殡葬服务与产品的消费本质上是精神的消费，每一项服务、每一个产品都是文化的载体。产品大小、材料、颜色、形状等和服务的动作、语言、物品等都具有一定的意义。如果没有服务设计文化内涵的解说，客户很难仅凭自己的观察得知文化内涵，只有"有意义"的消费，才能更好地满足客户的精神消费，而恰当的解说能将文化内涵展示出来。

（四）增加信息含量

尽量在单位时间内增加向客户传递的信息量。服务比产品需要更多的信息量。在购买服务与产品的过程中，客户对服务的知觉风险较高，对信息收集、组织和评估的时间较长，较为谨慎，故殡葬服务机构需要持续给客户传递多维的信息以保持信息的效果。有时客户不太愿意转换服务品牌并不等于客户的品牌忠诚度高，而可能是知觉风险高带来的惯性效果。因此，想要吸引客户转换服务品牌，需要相当程度的信息引起客户的注意，加强本殡葬服务机构品牌对客户的冲击力，帮助客户形成转换品牌的信心。

（五）改进服务社交要素

服务场所内一切参与及影响服务产品的人，包括服务人员、客户和其他人士，他们的言行举止都可能影响客户的消费期望和对服务质量的判断。客户可通过这些社交要素直接判断服务人员的反应性、处理客户特殊要求的诚意以及该殡葬服务机构的服务是否值得依赖。改进服务社交要素所需的费用较低，只需提供基本的实物，如工作制服和相应的服务培训，便可取得明显满意的收效。

（六）注重心理把握

从心理上进行把握，使服务易于融入殡葬服务机构文化。服务的本质通过有形展示表现出来，有形展示越容易理解，服务就越容易被客户接受。因此，使用的有形物体必须从客户心理出发，确保这些有形实物是客户认为很重要的，并且也是他们在此服务中所寻求的。同时，有形实物所暗示的承诺在被使用的时候一定要兑现，即各种服务的质量必须与承诺中所表明的名实相符。

第二节　殡葬服务机构的信息展示

殡葬服务机构不仅要与自己服务的客户或潜在客户打交道、互相传达信息，还要与社会、客户的相关群体，即一般公众进行沟通交流。但由于殡葬服务的过程中有的环节并没有客户的参与，一般公众如果不是丧事需要，也不会主动了解殡葬服务机构的服务。因此，殡葬服务机构的信息展示就显得格外重要，它直接影响着客户对殡葬服务的满意度。

 一、信息展示的载体

（一）网络

1. 凸显受众的主体地位，打破单向传播局面

自网络新媒体快速发展以来，受众主体地位得到了充分凸显。受众不仅是信息产品的消费者，而且是信息的发布者。在新媒体时代，人人都是传播者。博客、播客、微博以及论坛社区的诞生让每个人都拥有了信息发布的权利。如果在网络上读到一篇很好的文章或者是看到一段精彩的视频，人们可以通过转发的方式让很多人都来分享。人们也可以在博客上发表自己的文章或者制作网络视频，如果作品够精彩、有特色，可能会在一夜之间受到关注。

2. 具有很强的互动性

以往传统媒体主要以单向传播为主，受众只是被动地接受信息，即使有互动，也是延迟的。随着 Web2.0 技术的兴起，网络新媒体互动性得到了充分体现。论坛社区、博客、微博等都是受众进行交流互动的场所，许多新闻网站也提供了互动平台，受众可以随时发表自己的观点，作者会及时进行回复。

3. 信息发布及时，传播速度快

基于宽带网络的连接，信息传递迅速，尤其遇到突发事件，及时性就充分显现出来。现在的 5G 手机已具备多种功能，轻便、易携带、易使用，可以迅速将事件发生的情景记录下来。只要与网络进行连接，信息立刻就会在网络上传播开来，让人们第一时间获取消息。

4. 信息获取更加方便快捷

互联网拥有海量信息，借助搜索引擎准确定位，人们可迅速找到所需信息。使用者在搜索引擎窗口输入关键词，按下回车键，几秒钟的时间内就会出现大量的相关信息。门户网站新闻更新及时，突发事件滚动报道，让人们能及时获得最新消息。通过设置超链接功能还能让人们通过阅读一系列相关的专题报道，对事件有一个清晰全面的了解。网络上有大量免费的视频、音乐、学习资料等资源供人们欣赏使用、下载保存。各种数据库的建立、电子出版业的发展，让学术资料的获取更加容易，有利于开展各项研究。

（二）服务手册

目前，大部分的殡葬企业都有各自的服务手册，其内容主要是介绍殡葬企业的服务流程，对客户的吸引力尚显不足。如果从企业信息展示的角度看，殡葬企业在制作服务手册时

应有明确的定位。将服务手册作为企业展示的载体，一定要有针对性，特别要注意以下几个问题。

1. 客户关心什么

对客户而言，殡葬企业的服务手册对其有用才会翻阅，才构成吸引力。这就需要殡葬企业了解客户关心什么，树立以客户为中心的理念。曾有一家殡葬企业，其制作的服务手册不仅告知客户丧事办理的相关事项，还告知客户如何处理逝者保险、户口等不一定与殡葬服务有直接关系，但却是逝者家属十分关心的问题，广受客户好评。近年来，各地都在实施惠民殡葬，但惠民的项目、惠民的金额、具体申请程序等客户不一定都清楚，有的殡葬企业在服务手册中就加入了相关内容。

2. 企业想展示什么

相较于其他新闻媒体，服务手册这一呈现形式给企业带来足够多的自主展示机会。企业需要思考的是，通过服务手册想让客户了解什么，是企业服务过程中蕴藏的殡葬文化，或是企业优质的服务，抑或是殡葬政策、殡葬服务价格的宣传，等等。企业需要以某一方面为主，而不是面面俱到。这就决定了服务手册的内容不是长期不变，而是需要根据时代和企业的发展进行适时更新的，从而将服务手册做成企业传递信息的窗口，成为企业与客户沟通的桥梁。

3. 服务手册发放的时机

由于殡葬行业的特殊性，殡葬企业在发放服务手册时要注意时机。一般来说，客户有殡葬服务需求时才会了解殡葬。因此，殡葬服务机构可以选择第一时间接触客户时发放服务手册。由于手册设计的内容对客户有用，客户自然会查阅手册里面的具体内容，从而完成信息的传递。

（三）殡葬机构开放日活动

近年来，我国一些地区率先开展殡仪馆"公众开放日"活动，得到社会的广泛认同。殡仪馆"公众开放日"活动正朝着制度化、规范化、常态化方向发展。"公众开放日"逐渐成为殡葬机构主动回应群众关切、讴歌先进人物和典型事迹、宣传正能量、弘扬主旋律的好时机。

有的殡葬机构的"公众开放日"活动以参观了解殡葬机构为主，让民众参观业务受理大厅、告别厅、法医解剖室、火化车间等，了解遗体整理、化妆和火化等相关工作流程，直观感受殡葬一线从业者的工作状态。有的殡葬机构则将其作为展现"不一般的服务礼仪、不一般的服务水准、不一般的服务体验、不一般的服务评价"的机会，展示机构职工对殡葬工作的理解、对生命的敬畏、对逝者的尊重、对逝者家属的慰藉。"公众开放日"一般包括四个主要环节。

（1）介绍环节　向活动参与者简要介绍本地区殡葬改革发展历程和成效，介绍殡仪馆基本情况，介绍本次殡仪馆开放日的有关安排以及参观、体验过程中的注意事项。

（2）参观环节　引导活动参与者参观殡仪馆业务厅、告别厅、火化设备、骨灰寄存场所等，了解殡葬服务项目、收费标准、服务内容、服务程序、服务承诺、服务监督和惠民政策，了解民政部门和殡仪馆在殡葬服务流程设置、设施设备建设和管理制度方面的积极努力。

（3）体验环节　有条件的殡仪馆可根据自愿报名情况，组织活动参与者在工作人员的陪同下到殡葬服务一线岗位进行体验，了解和感受殡葬从业人员在殡葬服务过程中的艰辛劳动；或利用 VR 等最新技术开展生命体验活动，让广大民众更加尊重生命、珍惜生命。

（4）座谈环节　召开座谈会，对活动情况进行总结交流，探讨提高殡葬服务水平和群众满意度的途径，听取活动参与者对改进殡葬服务、加强行风建设、促进殡葬改革的意见和建议，参加活动后的感想、体会，以及对加强殡仪馆建设、管理和服务的意见建议。民政部门或殡仪馆负责同志针对有关问题进行回应。

除了上述几种传统信息展示的载体外，殡葬服务机构还可通过宣传画报、宣传栏等多种方式进行展示，只要是能将殡葬服务机构的信息传递给社会大众的载体，殡葬服务机构都可以充分利用，从而实现殡葬服务机构与社会信息交流互通。

二、信息展示的方式

一般来说，殡葬服务机构向一般性社会大众传递信息的方式主要有广告与软文，由于殡葬服务机构的特殊性，殡葬广告的社会接受度并不高。在此，重点谈谈殡葬软文信息传递方式。

（一）新闻性软文

人们在报纸、杂志，以及门户网站上每天都看到各类新闻。其中，有许多新闻稿具有宣传企业或品牌的作用，我们将其称为新闻性软文，这是软文的主要表现形式之一。新闻性软文可分为两类：一是"以小见大"，即在原本发生的事件基础上进行提升，扩大影响；二是"从无到有"，即人为策划一些具有新闻价值的活动，新闻媒体进行相关报道。

（二）故事性软文

该类软文即殡葬服务机构以一位员工或客户为主线，描绘一段感人的故事，将品牌结合在故事的高潮处，或者成为故事必不可少的环节之一，以强化品牌宣传。这类软文主要用在网络论坛及博客等互动性比较强的地方，故事才能引起话题的延伸，并在讨论中重复传播。

（三）访谈性软文

这类软文主要采用访谈录等，通过访谈殡葬服务机构中有特殊贡献的人物，可以深入各个方面宣传品牌信息。当然，必须所采访的对象达到了一定的高度才可以实施访谈，否则就是"王婆卖瓜，自卖自夸"了。

（四）评论类软文

和新闻稿不同的是，评论类软文更侧重于提出观点，而不是只描述事件，因此对于有推广题材的品牌来说是必要之武器。此外，对于个人来说，评论稿不仅利于发布在博客上引起圈内注意，也比较容易在行业网站及论坛上引发讨论。

（五）其他类软文

其他类软文不拘泥于形式，只为传递殡葬服务机构信息，增加殡葬服务机构对社会大众的印象，如征询相关问题、响应国家政策等。

（六）殡葬服务机构专题节目

殡葬服务机构专题节目是机构通过举办一些具有本机构特色的节目，以加强与公众的交流，从而起到宣传的作用。

三、信息展示的主题

（一）殡葬服务机构新产品、新服务

近年来，殡葬服务机构积极响应国家节地生态葬政策，开发出新的殡葬服务项目与殡葬产品，并以此为契机，通过媒体将服务机构信息展示给社会大众。如南京雨花功德园积极响应国家号召，推出符合社会发展的殡葬新产品，在清明前后全社会高度关注殡葬的时候，以新闻的形式向社会介绍了"3D生态云葬"，不仅让社会大众了解了"3D生态云葬"，推广了节地生态理念，也让大家了解了这家殡葬服务机构。

（二）行业领军人物

每个行业的领军人物都有特点，不论是他的性格、业绩还是经历，都有可能引人注目，这些就是亮点、新闻点。对领军人物的关注，把信息展示的重点转向了活生生的人的身上。在读者眼里，这样的文章往往可读性强，因而阅读率也就高。每年殡葬行业都会产生一些领军人物，如技能大师、全国技术能手等，可以把人物经历、工作业绩放到殡葬服务机构的大环境中去宣传，以点带面，将殡葬服务机构信息传递给社会大众，展示殡葬服务机构的内部管理、服务水平等。

（三）服务故事

由于行业外的人对殡葬服务机构了解较少，其员工的工作、生活等比较受人关注。特别是清明节期间，社会大众和媒体都非常关注该行业。殡葬服务机构可以抓住这个机会，以殡葬服务机构员工服务故事的形式将人们关心但又没有机会了解的内容展示给社会。作为殡葬服务机构信息展示的一种方式，需要注意的是人们到底关注什么，殡葬服务机构到底想让社会了解什么，而不是单纯地为讲故事而讲故事。

（四）名人活动

由于名人有较大的社会关注度，殡葬服务机构以承办名人相关的丧事活动进行信息展示，从侧面展示殡葬服务机构的服务能力、服务品质是值得信赖的，也就是所谓的名人效应。殡葬服务机构不但传承了历史文化和人文精神，还成为爱国主义教育与弘扬孝道的场所。

（五）殡葬服务机构主题活动

目前，很多殡葬服务机构都会开展一些主题活动，以此展示殡葬服务机构的形象，包括殡葬服务机构开展的园区主题活动、社区主题活动、社会公益活动等。社区文化活动已经成为殡葬服务机构展示形象的重要阵地，其宣传的内容主要有老年健康、孝道文化、联谊活动等。有的殡葬服务机构在清明前后深入社区，宣传文明殡葬、惠民政策、禁鞭规定、治丧服务流程，倡导绿色出行、环保祭祀、不焚香烧纸等，让市民参与殡葬改革，推进人文殡葬、绿色殡葬、环保殡葬的健康发展。大力宣传文明绿色、节俭和谐的祭祀新理念，引导群众革除陋习，营造绿色清明、文明祭祀新风尚，为规范有序的殡葬服务环境、促进文明城市建设奠定了舆论基础。

第三节　殡葬服务有形展示策略

当殡葬服务机构为客户提供服务时，就形成了"客企接触"，每一次"客企接触"实质上意味着一种机会或时机的"关键时刻"。对于殡葬服务机构而言，"真实瞬间"既是成功点，也是失败点。成功与否，关键在于殡葬服务机构如何把握它。殡葬服务机构应该充分利用"关键时刻"做好有形展示，充分展示自己的优质服务，树立自己的良好形象。一个优秀的殡葬服务机构的服务营销并不是对其他营销方式简单地照搬照做或者随性而为，殡葬服务机构运行需要一个系统的营销策略来指导，有形展示也是其营销中的一部分，需要一个完整的运行策略来指导展示工作。

一、服务环境展示

根据环境心理学理论，客户利用感官对有形物体的感知及由此所获得的印象，将直接影响到客户对殡葬服务产品质量及殡葬服务机构形象的认识和评价。故殡葬服务机构在进行服务营销时，应该重视客户对所提供的服务产品的第一印象。对于客户来说，他们在购买或接受某项服务之前，往往会根据第一印象对服务产品作出判断性的选择。因为服务是抽象的、不可感知的。殡葬服务环境有形展示作为服务内涵的部分载体，无疑将是客户获得第一印象的基础，其好坏将直接影响到客户对殡葬服务机构及其服务的第一印象。

目前，无论是殡仪馆还是陵园，环境的园林化是其发展的趋势。殡葬服务机构之所以如此重视环境建设，其原因之一就是环境是客户最容易、最直接感知到的东西，是殡葬服务机构服务水平的有形展示。在环境因素方面，殡葬服务机构还应保证基本的、与环境相匹配的温度、湿度、气味、声音、色调和清洁度等。另外，还可从员工视觉形象展示、员工服务热情展示、服务规范展示和服务技能展示等方面进行环境展示。

二、机构管理展示

对于客户而言，在没有接受殡葬服务机构的服务之前，殡葬服务机构的管理水平是难以感知的，但管理水平直接影响着客户对殡葬服务机构的信任度。殡葬服务机构可以通过非服务项目展示殡葬服务机构的管理水平，获得客户的信任。

【案例】

　　清明前后，墓园会有很多客户前来祭扫，而此期间天气多变，这给祭扫的客户带来了不便。有一次，一位客户带她的母亲去墓园给她的父亲祭扫。那天早晨天气很好，母女二人如期到达墓园。可刚过九点钟就起了风，而且越来越大，并夹杂着雨点，天气一下子变得很冷。这位母亲已年过七旬，身体也不太好，所以客户就想快点回去。但是，她的母亲和父亲感情非常深厚，况且她的母亲一年也只来这么一次，就不肯回去。正在这位客户着急的时候，一名员工跑了过来，将自己的大衣脱下来给老人披上。当这位客户扫完墓往回走的时候，看见路上很多老年人都穿着和她母亲同样的大衣，墓园的员工们整齐地站在一旁等候着为客户服务，而他们身上只穿着西服。她不禁深受感动。

　　上述案例不是因为专业水平打动客户，而是因为细节背后所展示出来的管理水平。殡葬服务机构在管理中可能为客户考虑很多，或为了做好服务付出很多，但在服务时没有机会让客户了解全部。打动客户的是"一件衣服"，但客户感受到的不仅是一件衣服，也是殡葬服务机构对客户的关爱。机构管理展示不是作秀，机构网站能够日日更新、机构员工（不是一个）能够主动将身上的大衣让给客户，本身就体现了机构的管理非常到位。机构的管理水平不是靠自吹自擂体现，也不是看不见、摸不着的，而是落实在一件一件的事情上，客户、员工能够真实感受到的。

三、服务过程展示

　　在殡葬服务过程中，客户不一定参与所有的环节，如果某些环节工作人员服务比较到位，但又没有客户参与，可以进行服务设计，将服务展示给客户。

　　服务产品具有无形性，这种特性在一定程度上影响了消费者对它的认知、认可和选择。服务产品提供者应通过对无形服务产品进行不同层次、不同视角的有形展示，强化服务提供者与消费者之间的沟通和良性互动，进而帮助消费者评价和选择服务产品。在殡葬服务中，也可运用有形展示增强客户的服务感知。如有的殡葬服务机构整容化妆做得很好，但却以"工作重地，闲人免入"的理由将客户阻挡在外。若将整容化妆室的一面用玻璃隔开或设置客户观看窗口，邀请直系客户观看，那么工作人员可以将自己的服务展示给客户，同时也保障了工作场地的有序。

四、专业水平展示

　　由于殡葬活动在人们心中的特殊地位，殡葬行业的专业性对客户而言就显得格外重要。但其专业性不是靠自己定义的，或是殡葬专业毕业的学生就等同于客户心目中的"专业"，"专业"还需展示出来，让客户感受到。殡葬行业的专业性可以从工具专业、知识专业、做事专业、语言专业等方面进行展示。

【案例】

有一天早晨，某公墓的工作人员正在清穴，没有发觉身后来了两位中年男女，而工作人员正是在为他们的父亲清穴，他们是提前过来看清穴立碑情况的。当看到清穴的工具时，那两位中年男女非常吃惊地说："没想到清穴还有这么多工具！"工作人员告诉他们，只有用这些工具才能把墓穴清理干净，并向他们介绍清穴的程序：先把穴里的小石头用小铲给铲出来，然后再用旁边的吸尘器把里面的灰尘全部都吸出来，最后再用干净的毛巾把整个穴里里外外擦一遍。那两位中年男女赞许地点头说道："嗯，的确，你们这弄得就是干净，真是一尘不染呀！"

案例中，工作人员给予客户专业的感觉正是从工具的专业性表现出来的。工具的专业性很容易让人产生工作人员专业的联想，正如医生背上药箱就让人产生"专业"的联想。现在有的殡葬服务机构的化妆防腐人员、火化人员、墓穴清理人员都有专业的工具箱，一定程度上体现了专业性。

【案例】

一天，A公墓值班人员接到一位女士的电话，拿起电话以后，客户问："请问这是B公墓吗？"A公墓值班人员回答道："不好意思，女士，您打错了，我们这里是A公墓。"

客户说那正好给她介绍介绍A公墓的价格，值班人员给客户介绍了相关的价格情况以后，客户却说她还是想再了解一下B公墓后再决定给她父母在哪儿买墓。值班人员并没有生气，还是态度和蔼地告诉客户，如果她需要帮助的话可以随时给他打电话。

客户又说她现在想知道B公墓的电话，问能不能告诉她。于是值班人员在网上帮客户查到了B公墓的电话并告知客户。

然后客户又问，如果乘坐公交如何才能到A公墓，值班人员详细地告知了公交路线、公交车次、换乘情况等。

当把这些告诉客户以后，客户突然说："那就定你们这里吧，刚才我已经打过电话了，我就想试试你们的诚意，你们做得真好！"

案例中的工作人员通过自己专业的服务获得了客户的高度认可，他展示了员工的专业技能与专业素养。当然，这也要求员工具有较高的服务意识。

在殡葬行业的服务中，特别是在业务洽谈中，员工经常会问客户需不需要某项业务，这是给客户选择的权利，但在实际工作中客户的理解可能并不是这样。这样问话不仅不利于销售，而且没有展示员工的专业性。作为殡葬员工，问话也应该由"要不要"转变为"要这个还是要那个"，即员工在了解客户情况后，依据客户情况给其推荐合适的服务与产品，以此体现员工的专业性。

有形展示是殡葬服务营销的重要内容，它需要殡葬服务机构进行整体性规划，而不是零散的机械模仿。整个有形展示有了详细周密的设计之后，就需要相关人员运用妥善的方式将展示规划落到实处，在最短的时间内向客户传递最大的信息量，让客户了解并接受服务。除了具备完好的有形服务设计之外，企业服务最终落实在每一位服务人员身上，因此针对服务人员的展示也是服务营销的关键环节，要展示服务质量就必须要求企业的服务人员具有一流的职业水平。由于服务是一项复杂的工作，要面对很多不同的情况，对服务人员的素质具有很高的要求，这就需要企业培养服务人员的能力和对管理进行规范化、具体化。通过服务人员提供的服务来获得客户的信任，整洁的外表、真诚的语言和面对问题灵活恰当的处理方式都可以使客户产生对企业的信任。

课后思考与训练

　　1.请你谈谈殡葬服务有形展示的意义。

　　2.请你运用服务有形展示的相关知识，设计或改良一个服务项目。

PPT课件

第九章
殡葬服务工作中存在的问题与补救

学习目标

1. 掌握殡葬服务补救的主要策略。
2. 了解殡葬服务机构服务补救体系的建设。

思政与职业素养目标

通过对服务补救体系进行学习，培养规范服务意识与知错能改的责任担当。

与产品质量相比，殡葬服务质量具有高度的不确定性，即使殡葬服务机构拥有十分完善的服务提供系统，殡葬服务问题也可能发生。对于殡葬服务机构而言，零缺陷的完美服务只是一种理想的目标，在实际经营中难以达到。因此，殡葬服务机构有必要分析服务问题的成因，即为什么会发生服务失误、服务失误对客户满意度会产生什么影响，以及怎样通过服务补救重新赢得客户的心。

第一节　殡葬服务工作中存在的问题

此处所指的问题，一般指服务失误。在投射心理的影响下，殡葬服务过程中客户比较忌讳服务失误，所以说"殡葬无小事"。在实际工作过程中，如果一再出现服务差错，会给殡葬服务机构带来一些不利影响。因此，本节从殡葬服务的各个环节收集了以下服务失误的案例，一是以此提醒殡葬服务人员工作时需要仔细认真；二是探讨这些问题产生的原因及今后在实际工作中应如何避免。

一、服务问题的界定

从殡葬服务机构的视角来看，服务问题（失误）是指员工在服务过程中没有按照计划或规范进行而出现服务瑕疵或服务不合格的现象。但是，在以消费者为导向的时代，有时正常执行的服务却可能让某些客户失望。从服务营销的角度看，如果服务提供者不能够按照客户期望的水平进行服务供给，就会导致不满的发生，此时服务失败就产生了。可见，在服务传递中的任何时点，只要客户觉得殡葬服务机构提供的服务或者产品低于原先心目中期望的标准，或是需求未被满足，都称为服务失误。

正如服务质量包括结果质量和过程质量两部分一样，服务失误也可分为两类：结果失误和过程失误。结果失误和核心服务相关，是指服务的结果没有达到客户的期望，通常与服务质量的可靠性相关，即没有帮客户解决问题。比如，遗体接运时没有按时到达、遗体化妆没有达到效果等。而过程失误与服务传递的方式相关，指服务传递的过程未能满足客户需求，通常与服务质量维度中的响应性、移情性、保证性和有形性有关。比如，服务人员态度太差、殡葬服务场地环境不好、客户等待时间太长等。客户对殡葬服务机构的服务质量不仅重视最后的服务结果，而且越来越重视服务过程。大量的实证研究表明，与结果失败相比，过程失败所带来的客户不满意程度更高。

二、服务问题案例分析

2010 年，曾有专家就我国媒体公开报道的 43 例殡葬服务差错典型案例进行分类比较（表 9-1），认为殡葬差错事故在遗体处置服务中主要体现在以下五个环节：遗体接运、遗体保存、遗体告别服务、遗体火化、其他环节（如葬礼背景音乐播放错误，骨灰整理过程中致使骨灰散落，骨灰盒交接、搬运、安置等过程中致使骨灰盒跌落等）。其原因既有管理不善、职工责任意识不强，也有技术、设备落后等。近年来，虽然我国殡葬服务人员素质、技术设备、管理水平等都有一定程度的提高，但服务失误或差错还是偶有发生。

表 9-1　殡葬服务差错典型案例分类表

发生环节	数量/例				所占比例/%
	一级事故	二级事故	三级事故	合计	
接运	2	1	3	6	13.95
保存	1	3	1	5	11.63
告别	5		4	9	20.93
火化	11	2	1	14	32.56
骨灰			3	3	6.98
收费			5	5	11.63
其他			1	1	2.32
合计	19	6	18	43	100

资料来源：《长沙民政职业技术学院学报》2010 年第 1 期第 29 页。

（一）遗体接运服务

为了规范遗体接运服务，我国制定了《中华人民共和国国家标准：接运遗体服务》（GB/T 26374—2010），这对提升殡葬行业的遗体接运服务水平起到了积极作用。但在现实工作中，还是偶尔会出现这样或那样的问题。如有的殡仪馆对"报假丧"处理不当，直接上门接运活人而被告上法庭；有的殡仪馆接运人员在遗体接运时没有认真查看遗体并让家属签字确认，遗体存放殡仪馆后家属发现遗体破损，最后与家属之间发生矛盾；等等。

【案例】

　　曾经××市××殡仪馆车队接运组发生过这样一件事情。殡仪馆接到家属报丧后与家属确定了接运时间，两名接运人员开车到××区中心医院去接运遗体，殡仪馆与家属约定是上午10点30分到达，可是接运人员在路上碰到交通堵塞，足足迟到了25分钟，10点55分才到。接运人员在堵车时没有及时联系家属，他想到了医院再跟家属解释一下、打个招呼就可以了。因为在××市这样的大都市，因堵车而迟到的事司空见惯。家属等急了，打电话质询调度。虽然在电话中向对方讲明情况、请求谅解，接运人员到达后也向家属作了解释并赔礼道歉，但是家属最后还是针对此事进行了投诉。

　　在服务的过程中，准时是客户的基本服务要求之一。交通堵塞可以理解，如果及时与客户沟通，被投诉是可以避免的。如果有客户至上的理念，就应该懂得客户等待的心情。遗体接运人员在服务过程中应知道：事先说明比事后解释更重要。

（二）殡葬礼仪服务

　　在殡葬礼仪服务中容易出错的地方主要有：将逝者姓名搞错、出现错别字，将悼念厅电子条幅上的人名写错，未与客户沟通需求等。

【案例一】

　　现在很多殡仪馆的告别厅里面都有电子屏，电子屏上写着：沉痛悼念×××（逝者的名字），而客户最忌讳的就是电子屏上的名字被打错。某殡仪馆工作人员就在一次给客户亲属举行告别仪式的时候，将电子屏上的名字打错了，最后，客户投诉了工作人员。

【案例二】

　　根据某殡仪馆的规定，在开追悼会之前，礼仪人员应仔细询问客户是否要致悼词或是答谢词。如果有的话，礼仪人员就要在主持的过程中安排请客户致悼词或是答谢词的环节；如果没有的话，告别仪式中的这个环节就由司仪完成。在一次追悼会中，由于家属是来自农村，礼仪人员以为客户不会准备悼词和答谢词，仪式前没有询问，仪式过程中也没有安排相应环节。直至整个仪式结束，客户也没有听到礼仪人员叫他到灵前致悼词。客户很是不满，投诉了该礼仪人员。

　　上述案例出现的差错看起来都是工作人员粗心大意造成的，实质上是公司缺乏相应的操作规范或工作人员未执行操作规范。殡葬服务各环节都要求工作人员认真核对逝者的信息，其目的就是避免服务中的差错，但一些工作人员没有引起重视，导致类似的事情经常发生。从殡葬服务机构的角度来说属于执行力不够，从工作人员的角度来说是犯了经验主义的错误。说到底，还是服务意识和工作责任感等有待提升。

（三）遗体火化服务

【案例】

　　在某殡仪馆的火化车间，一般一具遗体火化时间是30～40分钟，但是如果遇到难烧的遗体时间会更长。有一次，某殡仪馆遇到一具很难烧的遗体，但是未将情况告知家属。

家属由于在休息室等候了一个多小时，有些不耐烦了，于是去火化间询问。工作人员进去看了一下，发现已经在最后的装灰程序了，出来对客户说已经好了。可是客户却不高兴了，认为是殡仪馆工作人员扣押了他家的骨灰，无论工作人员作什么解释都无济于事。

在殡葬服务过程中，客户因失去亲人而容易情绪激动，特殊情况在殡葬服务的各个环节都有可能发生。如果工作人员不及时和客户沟通，客户在悲伤的情绪下很容易出现一些过激的行为。案例中，客户之所以在工作人员没有明显过错的情况下情绪失控，是其对火化所需的时间不了解。如果加强对客户行为的管理，事先与客户有充分的沟通，这样的问题也许可以避免。

（四）墓园服务

墓园服务中骨灰存取、墓碑制作、安葬服务、祭扫服务等环节都是容易出现服务差错的环节。

【案例】

这是一家墓园在祭扫时出现的客户投诉。近年来，为了保护环境，很多墓园都推出了鲜花换鞭炮、换纸钱的活动，这样的祭祀有利于保护环境。清明节，一位客户去该墓园给过世的亲人上坟，但墓园禁止烧香蜡纸钱，带上山的纸钱全部没收，或者换成墓园提供的鲜花。客户对这种做法表示理解，但认为墓园不应做出一副强卖强买的样子。因为他认为他的亲人在"入住"这家墓园时，并没有签订相关合同约定如此。为此，该客户进行了投诉。

为了保护环境，各地都出台相关政策，禁止焚烧冥币等丧葬用品及燃放烟花、鞭炮等的行为，很多公墓采取了用鲜花换纸钱的方式，以引导市民绿色祭祀、生态祭祀。上述客户的投诉正好反映了人们对鲜花换纸钱的理解。而作为直接实施该项活动的殡葬服务机构并没有事前做好与客户的沟通，也没有思考如何从殡葬服务的角度做好该项工作，最终导致了客户与殡葬服务机构之间的矛盾。如果客户事先就了解到鲜花兑换香烛等祭品并非等价兑换，而是殡葬服务机构为支持环保工作而推出的公益活动；如果服务人员多一点耐心，服务更细致一点，投诉也许不会发生。

三、服务问题的成因

服务问题（失误）的发生会造成客户感知的服务质量与之前的服务期望不一致，客户期望与感知的差距会使得客户产生失望、不满意、气愤等消极情绪，进而会进行服务投诉或者采取过激维权行为等，对殡葬服务机构产生负面影响。因此，服务失误是殡葬服务机构应该极力避免的。在此，梳理常见的服务失误成因，可让殡葬服务机构在服务提供中采取针对性的措施加以避免。

（一）殡葬服务机构服务提供系统的失误

1. 服务不到位

该类失误是指由于服务的不可获得性，客户无法得到服务。殡葬服务与其他服务一样，无法提前生产储存起来以供需求高峰时使用，这就使得一些在平时可以轻而易举获得的服务，在某些时间段却难以获得，从而造成客户的不满意。比如，清明节祭扫时，有的殡仪馆或墓园到处人满为患，祭扫设备设施、祭扫场地、车辆停放等都难以满足客户的需要或要等待较长时间；殡葬服务由于受习俗的影响，办理丧事的时间比较集中，有的地方丧事集中在凌晨，有的地方集中在上午，有的地方集中在下午，这就导致其他时间段员工比较清闲，而在某些时间段却忙不过来，影响服务质量。该类服务失误是由服务本身的特征所引起的，殡葬服务机构可引导客户错时祭扫或利用互联网技术做好预约服务等。

2. 不合理的服务延误

该类失误是指殡葬服务机构员工在为客户提供服务时缺乏效率，过于拖沓。比如，殡葬服务机构业务办理时间过长、遗体接运等待时间太长、业务办理服务程序太烦琐等。在追求效率的今天，如果殡葬服务机构不能帮助客户节省时间成本，客户很难买账。

3. 其他核心服务的失误

该类失误是指其他没有达到客户期望的服务故障或行为。这类原因大多是偶然或突发性的，甚至有些是殡葬服务机构不能控制的，但是同样会对客户的体验产生消极影响。比如，礼仪主持人念错逝者名字、告别过程中突然停电等。

（二）客户服务要求响应失误

1. 对客户明确提出的服务要求响应失误

每位客户，甚至同一个客户在不同的情景下会由于一些特殊的心理偏好、语言或习俗方面的原因而提出要求。如果殡葬服务机构或员工对客户的需求置之不理，或者断然拒绝，或者不注意拒绝的方式，都会导致客户的不满。如果这些需求不被重视和忽略，在客户的眼中就是严重的服务失误。

2. 对客户隐含的服务要求响应失误

客户认为有些基本需求没有必要明确告诉服务提供者或者特殊强调，但这并不意味着这些需求不重要。如果殡葬服务机构不能清楚地理解客户的隐形要求，就可能面临服务失误。比如，客户虽没明确提出要到灵前致悼词，但这并不意味着客户不需要。

（三）员工的不当行为或工作疏忽所导致的失误

这也是殡葬服务中较常见的失误，员工在与客户接触互动时，对客户的态度、行为存在不恰当之处或工作疏忽导致服务失误。如有家公墓在制作墓碑的过程中，碑文将逝者的姓"汪"刻成了"江"，客户因此到公司进行了投诉。

（四）客户不当行为所导致的失误

服务具有生产与消费不可分离的特征，其生产过程需要客户出现在现场，或者参与其中。而有些客户由于缺乏专业知识，或者主观上不愿意配合，提出各种不合理要求，而员工未能及时处理，给周围客户带来干扰等负面的服务体验，形成不同程度的服务失误。

第二节　殡葬服务补救

客户在遭遇服务失败后，有的客户会选择沉默，有的客户会选择抱怨，还有的客户会选择投诉，而殡葬服务机构则会进行服务补救。客户的服务补救期望是服务补救必须考虑的重要因素，因此讨论服务补救时也有必要了解客户服务补救的期望。

一、服务补救期望

(一) 服务补救期望的含义

服务补救期望是指客户主观认为自己所经历的服务失误应该得到解决的方法。服务补救期望这一概念至少包括两个方面的内容。首先，服务补救期望是针对服务补救的内容而言的，即服务补救与客户要求的适不适合的问题（从类型和性质上来考虑）。服务失误发生时，客户最基本的期望是服务人员的重视与真诚的道歉。研究结果指出，客户的服务补救期望分为五种：真诚道歉、立即补救、亲情性（设身处地为客户着想，为客户解决问题）、采取赔偿和事后检讨。其次，服务补救期望还包括服务补救程度方面，即服务补救适不适量的问题（从程度和数量上来考虑），分为应该期望和可能期望，应该期望的水平总是高于可能期望的水平。

(二) 客户投诉期望

投诉客户具有一定的代表性，因为很难了解到保持沉默和抱怨的客户的诉求。而投诉的客户相较于沉默的客户，他们花费了一定的时间和精力，会较为明确地表达自己的诉求。因此，具体分析客户投诉时的期望，殡葬服务机构才能知道客户投诉时想要什么，进而才可能去达到和超越客户的期望，降低客户的不满意度。尽管每个客户投诉的动机和期望不同，但总体而言，大部分客户投诉时期望殡葬服务机构能够承担相关责任，使自己获得公平的对待。客户期待和感知的公平不仅指赔偿结果公平，还包括过程公平和互动公平。

1. 结果公平

结果公平是指服务补救的结果或补偿，与服务失误所造成的损失或不满意水平相匹配。客户在识别服务失误时会拿自己购买服务的成本与感知的服务质量进行对比，同时还会拿其他客户支付的成本与获得的服务质量进行对比。通过对比，如果客户认为自己没有获得公平的对待，客户的不满意就会出现。因此，服务补救的出发点应该是让客户重新感知到公平（可能是一个真诚的道歉、赔偿、优惠等），甚至是优于他人。基于此，在服务补救时，可以通过对比使客户感受到某些"特权"，提升服务补救的满意度。作为殡葬服务机构，常规性差错的补救办法需写入公司政策，以确保统一、一致、公平地对待每一位客户。对于非常规的例外的服务失败，首先殡葬服务机构应判断客户真正期望的补偿方式，使得殡葬服务机构提供的补偿尽可能满足客户的需要；其次是确定补偿力度，合理的补偿力度既要足以弥补客户因服务失败而造成的损失，又要保证机构对所有遭受同样服务失败经历的客户进行同样力度的补偿。

2. 过程公平

过程公平是指客户投诉过程的政策、规定和时限符合客户期望。对客户而言，其期望的公平除了最终获得的补偿结果外，客户也希望投诉的过程容易、快速、公平。这就要求服务机构制定的投诉处理制度更人性化、更体贴、更快速，而不是通过"霸王条款"让客户搜集服务失误的证据，甚至部门之间互相推诿、与客户发生争执等。在服务补救过程中应使客户成为相关决策的控制者，客户对决策结果有充分自由的选择权，能使其对服务补救过程产生公正感。但是在现实中，客户往往处于不利的信息不对称地位，因此，殡葬服务机构在服务补救时应向客户明确解释服务失败的原因，并提供必要的信息以帮助客户决策。另外，在服务失败发生后，殡葬服务机构应尽快采取措施进行服务补救。

3. 互动公平

互动公平是指客户在投诉时与殡葬服务机构之间能平等地互动、交流，殡葬服务机构能有礼貌、细心和诚实地对待客户。客户期望在遇到服务问题时能迅速得到帮助，期望殡葬服务机构对其不幸的遭遇和引起的不便进行补偿，同时也希望在服务投诉过程中得到平等、亲切、礼貌和诚实的对待。通过服务人员与客户间的人际接触，实现彼此信任。服务补救不单单是殡葬服务机构为客户提供补偿的一种交易，还要通过服务人员与客户之间的人际接触，来实现客户与殡葬服务机构之间情感的交流，建立相互信任的友好关系。有些客户在投诉时，情绪非常激动，此时更需要服务提供者换位思考、倾听、认同和安抚，而不是和客户一样激动，意气用事，恶化原本可能不那么严重的失误。很多客户对服务补救不甚满意并非源于补偿不足或程序不公，而是直接归因于服务人员的恶意态度，所以殡葬服务机构不仅要注重对员工有声语言的规范，还要提醒员工注意无声语言与有声语言的一致性。服务投诉处理的最差结果是不能让客户反感，最好的结果则是让客户比没有发生服务失误更满意。同时，在全企业内营造服务文化，给予员工必要的人文关怀，并使员工在服务补救过程中从企业的角度出发，诚实、礼貌、热情地为客户服务。

二、服务补救的原则和策略

(一) 服务补救的基本原则

服务补救是殡葬服务机构在服务失败产生后，为保持或重新建立客户满意而对客户采取的一系列补救性措施或反应。服务失败与服务投诉并不是一回事，有时服务失败了客户不一定会服务投诉，两者不可简单等同。因此，服务补救不应被简单理解为服务投诉处理。殡葬服务机构在实施服务补救时需要遵循的原则包括以下内容。

1. 避免服务失误，争取在第一次做对

服务质量的第一条原则就是在第一次就把事情做对，这也是服务补救循环体系的基础。每一个服务过程都是由一系列的关键事件，即客户和机构相互影响的节点所组成的。殡葬服务机构要有效地实施服务补救，事先就要估计到殡葬服务机构服务提供过程中最可能发生失误的地方。如果能做到不出错，补救就没有必要了，客户得到了他们所期望得到的，再做一次的费用和对错误的赔偿也可以避免。可靠性是客户评价服务质量时最看重的维度，也是最基本的要求。

殡葬服务机构要实现零缺陷、完全避免服务失误的目标，可借助全面质量管理（Total Quality Management，简称 TQM）的理念和防错技术（Poka-Yoke）的一些做法。全面质量管理是围绕服务质量展开，殡葬服务机构的每一名员工都参与其间，在每一个服务环节都注重质量。

2. 对客户投诉持鼓励态度

为了方便客户投诉，殡葬服务机构要设立一个专门的客户投诉部门，并设置便捷的投诉方式，避免出现客户投诉时员工互相推卸责任的情况，以此将客户的不满化解于殡葬服务机构内部。除了设立投诉部门专门搜集、处理客户投诉，鼓励客户投诉的方法还有很多，但最基本的是要保证投诉的便捷性，提供多种客户投诉渠道，教会客户如何投诉，降低客户投诉的成本。此外，可以对客户的投诉行为进行奖励，并让客户看到投诉的成效。因为客户最不愿意看到的就是当其不满意时，还要面对一个复杂、难以进行的投诉过程。而如果投诉后，下一次还会遭遇同样的服务问题，也会让客户失去再次投诉的动力。另外，由于一线员工与客户有大量的互动接触，员工也是搜集客户不满的重要途径。比如，一家公墓的每个服务员工每天晚上都要总结一天内自己所服务的客户遇到的任何不满意的情况，并自己提出解决的方法。

3. 充分授权并尽快解决客户投诉

让一线员工解决服务失误，需要员工具备解决问题的意愿、权限和能力，三者缺一不可。这就要求殡葬服务机构关注员工绩效考核、授权和培训的服务导向。首先，殡葬服务机构需要运用有意义的员工绩效——奖励评估指标。如果员工解决了问题、取悦了客户，就应该给予激励，以强化他们的相关行为。反之，对客户投诉处理不当，必须给予惩处。从绩效评价指标上强调迅速解决客户投诉的必要性，能够让所有员工清楚殡葬服务机构对员工的期望是什么，殡葬服务机构重视什么。其次，员工授权也非常必要。即便殡葬服务机构在绩效考核指标中鼓励员工去帮助客户解决问题，但如果缺乏相应的授权，员工就不能快速、及时地利用殡葬服务机构资源，没有公司的支持和允许，一线员工也会心存顾忌。此外，通过员工培训，让员工具备有效解决服务失误的能力同样重要。

4. 从补救过程中吸取教训

由服务失误引起的服务补救在完成后，殡葬服务机构需要明白服务补救的价值：不仅有机会补救有缺陷的服务和加强与客户的联系，更重要的是它是一种有助于改进服务的有价值的信息来源。通过追踪服务补救的努力过程，殡葬服务机构能够获知一些在服务过程中需要进行改进的系统问题，分析根本原因，识别问题来源，进行过程改进，有时能彻底消除未来类似服务失误发生的可能，甚至能比竞争对手更敏锐地感知未来殡葬服务机构竞争的核心关键点，进而未雨绸缪占领竞争高地。

以上这些原则将有助于殡葬服务机构在消耗最低成本的基础上，成功实施服务补救策略，达到理想的服务补救效果。

（二）服务补救的基本策略

在遵循上述一般原则的同时，服务补救的开展还需配套一系列的策略，常用的服务补救策略有四种，在具体应用中宜进行组合使用。

1. 逐件处理法

逐件处理法就是殡葬服务机构服务（管理）人员针对服务失误的具体情况作具体分析，逐件去处理。该方法的最大特点是成本低、易执行，但随意性强、容易导致不公平等。例如，态度蛮横或固执的投诉者，通常会比那些通情达理的投诉者得到更多的补偿或更满意的结果。

2. 系统响应法

这种方法在处理客户抱怨或投诉时，有对应的规定，具有相当的计划性，由于先期进行了关键失败点识别，并匹配了优先选择的适当补救标准，可靠性比逐件处理法高。只要企业能够确保对应的规定持续更新，这种方法就非常有效，因为它同时确保了服务补救的响应性和一致性。但反过来说，若无法保证及时更新，就会使规定僵化或不合时宜，无法保证响应性。服务在互联网环境下发展日新月异，在这样的大环境下，对相关规定更新的压力给企业的服务管理带来了巨大的挑战。

3. 早期干预法

该方法通常和系统响应法配套，它试图在服务失败对客户产生影响之前干预和解决服务流程问题。但这对殡葬服务机构的服务管理水平要求较高，要求殡葬服务机构有完整的服务补救策略和配套的应急机制。

4. 替代品补救法

该方法通过提供替代品（替代服务）来进行服务补救，通过替代品（财物等形式体现）可以完全或超额满足客户的需求，来处理客户投诉。此方法需要对一线员工进行一定的授权，若运用得当，反而可以将服务失败转化，并提升客户忠诚度。基于服务的无形性、同时性、异质性和非储存性，客户对某项特定服务体验受其主观性影响较强，因此在服务提供过程中，即便是再完美的服务保障和服务提供系统，都可能因各种难以预料的随机因素，导致在服务接触过程中的潜在失败点发生服务失败的情况。此时服务补救技术就显得尤为重要，对服务失败作出及时、有效的补救反应，快速解决服务失败，是保持、巩固或重新建立客户满意度和忠诚度的重要途径。

三、服务补救方式

服务补救方式多种多样，但总体来说可以分为经济补偿、行动补偿、心理补偿三种方式。

（一）经济补偿

经济补偿是最为普遍的补救方式，主要是指针对服务失误给客户造成的直接经济损失进行补偿。经济补偿方式一般包括打折优惠、退费免费、提供更高档次的服务以及赔偿失误造成的额外经济损失等。

（二）行动补偿

行动补偿是指为了让客户感受到服务提供者的重视，采取实际行动以带给客户安全感。一般立即纠正服务失误会让客户觉得受到了极大的重视，认为他们的问题引起了关注并能较快解决。例如，有的墓园墓碑前的小狮子、香炉等丢失或损坏，客户需要工作人员来解决，工作人员立即过来解决问题会比较容易获得信任；而直接忽视客户的要求或者回答客户问题模棱两可，更容易导致客户厌烦情绪升级。

（三）心理补偿

心理补偿是指对客户进行心理上的安慰，一般表现为清晰的解释、诚恳的道歉以及耐心的安慰。诚挚的道歉往往是客户接受服务补救的敲门砖，同时也是服务补救的第一步。服务提供者首先必须承认自己的错误，摆正服务态度，客户才会给予服务提供者改正的机会，后续服务补救措施才能得以进行。忽视心理赔偿的服务补救，即使得到客户暂时的原谅，但若不能得到客户心理上的认同，也难以实现客户忠诚。

以上三类服务补救方式极少单独出现，一般三种方式结合在一起，不仅要给客户物质上的补救，还要在行动上表现积极性，同时要重视客户的心理感受。

🢂 四、服务补救流程

服务失误差异性较大，对应的服务补救工作也比较复杂，但一般都需要经过这样的一个流程：识别问题、主动承认错误、及时回应、采取行动、解决问题、跟踪服务、吸取经验、导入服务补救系统。服务补救是一个循环的流动的过程（图9-1），即预测潜在服务失误、采取补救行动、分析服务失误发生的原因并加以改进、搜集整理客户反馈信息、建立数据库、根据数据库信息预测下一阶段的潜在服务失误。服务人员需要对服务失误进行预测和识别，发现问题之后，无论客户是否向服务人员抱怨，服务人员都应该主动承认错误，向客户诚挚道歉，并迅速通过一系列的补救措施来弥补服务失误给客户带来的不便与损失。解决问题之后，需要跟踪并反馈客户在接受服务补救后的反映，最后总结整个事件的经验教训，将其导入服务补救系统，从而形成完整的服务补救流程。

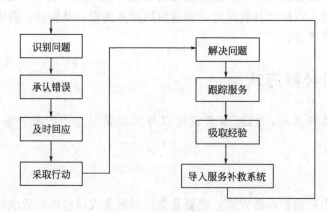

图9-1 服务补救流程图

🢂 五、服务补救体系的建设

殡葬服务机构在服务运营过程中，为了能够更好地运用服务补救策略，必须重视对服务补救体系的建设。殡葬服务机构服务补救体系的建设通常可以从以下几个方面着手进行。

（一）补救服务设计是基础

服务失败出现后，殡葬服务机构应迅速推出补救服务，纠正失误，力争使不满意的客户重新建立客户满意度。

首先，要了解客户投诉的目的。不同的客户怀有不同的目的前来投诉。有的是出于经济上的原因，希望得到经济补偿，这是较为常见的；有的是出于心理上的原因，希望通过投诉来求得心理平衡，满足自己能受到尊重和照顾的心理需求。许多情况下，客户投诉的目的是综合的，既有经济上的需求，又有心理上的需要。

其次，提供能满足客户投诉目的的补偿服务。虽然客户会有不同的投诉目的，但补偿服务的设计仍需假设客户同时具有多重目的，即既有经济上、行动上的需求，又有心理上的需要。对客户进行补偿，特别是经济方面的补偿，需考虑客户的投诉成本。投诉成本是指客户在进行投诉行动时所付出的费用、精力和时间。如客户因投诉而产生的交通费用、因服务失败而引起的经济损失、因与服务机构联系而产生的通信费用、为投诉而耽误的工作和生活时间等。很多殡葬服务机构在补偿客户时常犯的错误就是没有考虑投诉成本，这样做只会打消客户投诉的积极性。有的殡葬服务机构对客户的投诉采取超额补偿（即殡葬服务机构补偿大于客户损失），超额补偿不仅能弥补客户因服务失败而遭受的损失，而且还从心理角度满足了客户的投诉目的。超额补偿表达了一种歉意，一种因服务失败而为客户提供额外补偿的真诚致歉。有时，服务失败引起的经济损失并不大，甚至微不足道。在这种情况下，客户前来投诉，很明显不是为经济损失，而是为寻求一种心理平衡。殡葬服务机构此时不可仅仅以赔偿服务损失了事，而应在表示诚挚歉意的同时适当予以一定的额外经济补偿。

最后，实施首问负责制，即客户遇到的第一个人就能马上解决问题。殡葬服务机构要特别重视解决投诉的即刻性。客户投诉时心情很急切，一进入殡葬服务机构就希望很快有人能意识到问题的存在并解决问题。对于客户投诉的小问题，一线员工要立即解决；对于客户投诉的大问题，必须有一个迅速传递信息的渠道，使有权处理者能迅速来到现场解决问题。切忌互相推诿、投诉无门、手续复杂、处理迟滞。

（二）殡葬服务机构文化建设是保障

殡葬服务机构要有服务补救的意识，必须从培养殡葬服务机构服务文化做起。殡葬服务机构服务文化指的是殡葬服务机构全体员工的共同理念、行为准则和价值观念。对殡葬服务机构来说，殡葬服务机构文化的核心应该是服务文化。换句话说，殡葬服务机构文化是为殡葬服务机构内部员工和外部客户提供优质服务，是全体员工最重要的信念、行为准则和价值观念。与一般服务机构相比，殡葬服务机构的质量管理工作难度更加大、更加复杂。在员工和客户高度接触的殡葬服务机构里，客户感知的服务质量不仅受服务结果的影响，而且受服务过程的影响。在殡葬服务机构里，不仅不同的客户对服务质量有不同的要求，而且同一位客户在服务过程中对服务质量的要求也会发生变化。因此，殡葬服务机构很难像工业企业那样采用流水生产线，为客户提供严格的标准化服务，管理人员也很难为每项服务工作规定明确的质量标准。这就要求殡葬员工自觉地以优质服务作为自己的行为准则，灵活地满足客户的具体需求。也就是说，殡葬服务机构必须明白，服务质量是由客户来评价的，而不是由殡葬服务机构来评价的，一旦客户提出确切有理的不满或投诉，殡葬服务机构必须实施补救性服务，重新争取客户的满意。殡葬服务质量与殡葬服务机构的服务文化直接相关。

（三）做好殡葬员工的管理工作是核心

没有满意的员工，就没有满意的客户。究其原因是：员工是最贴近客户和最了解客户需求的，只有他们受到重视，他们的利益受到照顾，他们才会认真地对待客户、满足消费市场的需求；客户的需求得到满足，殡葬服务机构才能发展。在殡葬服务机构中，服务的生产者就是员工，服务产品质量跟他们在提供服务前、服务过程中和提供的售后服务都有着直接和间接的关系。因此，员工的管理工作将直接影响殡葬服务机构的服务质量。

1. 树立员工的自信心

如果想要拥有一支优秀的员工队伍，殡葬服务机构必须重视员工的价值，公平地看待员工的身份地位，尽可能多地提供一些培训和实践机会，让员工通过服务工作积累经验、提高服务能力和增强自信心。殡葬服务机构首先应该摒弃"客户永远是对的"这些片面的管理思维，不要以奴性的教育模式培养员工，应该以"人才是殡葬服务的核心竞争力"的战略思维来管理员工，让员工正确地认识自己的价值和对待自己的职业和地位，让他们认识到自己是殡葬服务团队中的一分子，他们的态度和行为都会影响到客户对服务质量的评估，而他们的每一份贡献都将直接或者间接地影响到殡葬服务机构的存亡。为此，殡葬服务机构管理层应该更多地关心员工的心理和感受，多聆听员工的心声，严肃地、正确地处理员工遭遇客户无理取闹和不公平对待的问题。与此同时，殡葬服务机构管理人员应该重视员工的培训规划，要宽容地对待员工"犯错"的问题；管理人员应该坚信服务能力的提升是通过不断的经验积累而来的，他们应该不断为员工提供实践的机会，协助员工克服服务工作中的困难，指导员工纠正服务中的错误，让员工有更多的机会去锻炼自己。而员工的服务能力提高了，他们的自信心也就自然会加强。

2. 培养员工的工作满意感

员工的工作满意感包括员工对管理人员、同事、客户、工作、工资待遇和晋升机会等方面的满意感。员工对管理人员感到满意，说明他们信服领导的权威，表示他们愿意服从管理人员，同时也表示他们会按照管理人员的安排来办事；员工对同事和工作感到满意，说明他们满意他们的合作伙伴和工作环境，并愿意在目前的氛围内提供服务；员工对客户感到满意，说明他们认为自己与客户之间的地位是平等的，同时他们也愿意为该类客户提供优质的服务；员工对工资待遇和晋升机会感到满意，说明他们满意现状，并愿意安心在目前的工作条件下工作。上述这些都说明了一点：员工的工作满意感是激励员工认真工作的动力，是支持他们安心工作的信念，同时也是促使他们为客户提供优质服务的重要因素。工作满意感越强的员工愿意安心留在企业工作的概率就越大；而忠诚的员工对于服务流程很熟练并积累了服务经验，这自然会提升他们的服务质量。优质的服务对提升机构服务质量是非常有利的。因此，殡葬服务机构应该尽最大的努力提高员工的工作满意感，以便留住优秀员工，为殡葬服务机构服务质量的提升创造条件。

3. 锻炼员工的适应能力

员工的适应能力指的是员工根据客户的要求，调整自己行为方式的能力。一方面员工按照事先确定的服务标准，为所有客户提供完全相同的服务；另一方面员工根据客户的具体要求，灵活地为客户提供个性化的服务。殡葬服务机构除了要加强员工的自信心和工作满意感以外，同时要提供各种各样的机会锻炼员工的适应能力，让他们能够随时随地满足不同客户的需求。对于殡葬服务机构的员工而言，客户的喜好几乎成了服务质量的评定标准，因此员工应该具备较强的适应能力，以满足不同客户对服务标准的不同要求。殡葬服务机构应鼓励和加强培养员工的适应能力，让他们因地制宜地为要求不同的客户提供优质的服务。

4. 给予员工一定的授权

授权指的是管理人员与服务第一线的员工分享信息、知识、奖励和权力。要采取授权措施，管理人员必须抛弃传统的监控式管理模式，改变组织结构、管理方针和管理方法，发动员工参与管理，发挥员工的创造力，增强员工的工作责任感，鼓励员工做好各项工作，使得员工形成授权意识。在服务过程中，由于客户是亲临服务现场接受服务的，他们对于服务差错的感觉是非常敏感的，同时对于员工纠正该差错的要求也是很苛刻的。也就是说，员工是否愿意按照客户的意见、是否遵照客户的意思来修改服务流程和服务方法，都会直接影响客户对服务质量的评价。因此，殡葬服务机构的管理人员必须授予员工一定程度的工作决策权力，让他们做好补救性的服务工作，纠正服务差错，恢复客户对殡葬服务机构的信任感。与此同时，给予员工一定的授权也有助于员工一次性地做好服务工作，灵活地满足客户的需要，使得服务实绩超过客户的期望。授权措施对服务补救起着正面的影响和作用。

课后思考与训练

1. 结合所学内容，请你谈谈如何减少服务失误。
2. 如果你是公司负责人，你将如何进行殡葬服务机构服务补救体系的建设？

PPT课件

第十章
殡葬机构服务文化建设

学习目标

1. 了解服务文化的内涵及功能。
2. 了解服务文化建设的原则与维度。
3. 掌握服务文化建设的途径。

思政与职业素养目标

通过学习殡葬服务文化建设，进一步巩固对行业体系的认知，从而具备机构运营等更深层次的职业竞争力。

殡葬服务机构作为典型的服务型组织，要达到以服务促营销的目的，不仅需要完善的管理制度，还需要加强服务文化的建设，提高服务质量，增强竞争力。因此，本章以服务文化为主题，首先对服务文化的内涵、功能、类型及其对企业发展的意义进行分析，并在此基础上，对服务文化的建设和管理进行探讨。

第一节　服务文化概述

一、服务文化的内涵

服务文化是企业文化的一部分，只是两者的内涵和外延不同，侧重点不同。有服务管理与营销专家认为："服务文化是一种鼓励优质服务的文化。拥有这种文化的组织可以为内部顾客、外部顾客提供相同的优质服务，组织中的每个人都将为外部顾客提供优质服务视为最基本的工作方式和生活中最重要的价值之一。"我国有学者认为：服务文化是企业在长期的服务工作中形成的服务理念、职业观念等服务价值取向的总和。它是以服务价值观为核心，以创造顾客满意、赢得顾客忠诚、提升企业核心竞争力为目标，以形成共同的服务价值认知和行为规范为内容的文化。虽然二者的表述有所差异，但其实质并没有大的差别。

综合来看，服务文化是鼓励和追求优质服务的文化，现在已经进入"人人都是服务员、行行都是服务业、环环都是服务链"的服务经济时代，以及竞争只能是服务制胜、文化制胜的时代；服务文化是顾客导向的文化，服务性企业因服务顾客而存在，顾客导向就是要了解顾客（包括内部顾客和外部顾客）的需要并通过行动给予满足；服务文化是以人为本的文化，强调以人为本是由服务营销与管理的特点决定的；服务文化是柔性管理的文化。一种文化被员工视为一种认可的价值理念后，就会激励员工无时无刻、灵活创新地以提供优质服务为导向。服务文化主要包括以下工作内容。

(一) 服务文化策划

1. 服务文化评估

客户满意调查、内部满意调查、服务能力调查、服务文化效果评估。

2. 服务文化规划

目的与原则、阶段推进计划、保障措施。包括服务文化三年（五年）规划、服务文化推广实施计划、服务文化深植方案。

3. 服务文化设计

服务理念、服务行为。包括服务文化手册、服务能力模型。

(二) 服务文化实施

1. 服务能力建设

培训与辅导、跟踪、阶段测评。包括培训教案、跟踪测评报告。

2. 服务氛围营造

环境应用、案例编写、活动策划。包括服务文化可视化设计、服务文化故事集、活动方案。

3. 服务品牌塑造

品牌命名、品牌设计、品牌推广。包括品牌名称、品牌 logo 及 VI (Visual Identity)、服务品牌手册。

➡ 二、服务文化的功能

机构服务文化说到底就是为了改变机构员工的服务观念，塑造企业生存发展需要的服务活动。具体地说，机构服务文化作为全体员工所共有的信念、价值观、规范和准则，通过导向、约束、激励、调适等方式影响全体员工的信念、价值观、道德、情感，从改变人的这些根本素质的高度来塑造人，从而使全体员工的素质朝着企业期望的服务方向变化。因此，服务文化的功能主要体现在对"人"和"物"的影响。

(一) 服务文化塑造"人"的功能

服务文化会影响员工的服务态度、服务理念和服务行为方式，具有或强或弱的引导、约束、激励、凝聚功能。它对员工的影响主要有以下几个方面。

1. 引导员工的价值观念和行为取向

机构一旦确定其服务文化，就给出了机构全体员工服务行为的直接的、具体的目标，引导全体员工的行为趋向一致，个人的目标同化于组织目标。服务文化也从总体上规定了机构领导者应从哪些方面去引导全体员工，自身又从哪些方面去加强服务经营、改善服务管理。促使员工自觉地以机构的价值观作为自己服务行为的导向。服务文化也为规章制度的建设指明了方向，通过规章制度规范员工的行为，把员工的服务行为导入正确的方向。

2. 约束员工的行为

机构员工的思想、心理、习惯、生活方式等是各有差异的，机构服务文化中的共有价值观念一旦发育成长到习俗化的程度，就会像其他文化形式一样产生强制性的规范作用。以服务文化为指导的服务管理制度对员工起着硬性的约束作用，要求人人严格遵守，并对违反者给予相应的处罚，从而使员工的服务行为趋向更加合理、科学。机构服务文化的约束作用包括了职业道德和社会公德的规范作用。社会公德虽不全是机构服务文化的组成部分，但其许多内容都直接或间接地左右着机构服务文化。机构伦理道德通过对员工的规范、约束，使员工成为有道德的人。

3. 激励员工的工作

机构服务文化既规定了机构现在的努力方向，又展示了机构将来所期望达到的一种服务理想境界。让员工产生一种崇高的使命感，从而自觉地为社会、为企业、为客户、为实现自己的人生价值而勤奋地工作，自觉地服务。机构服务文化建设的过程也就是满足机构员工的情感需要、尊重需要和自我实现需要的过程，满足了员工的这些需要能够激发员工工作的积极性。

4. 调整员工心理、情绪

机构服务文化一旦形成，就能促使员工及时有效地适应机构经营管理的发展，增强承受力和适应性，提高服务的自觉性和应变力，来尽量避免各种心理抵触。机构服务文化的形成使得员工有了共同的价值观念，对众多问题的认识趋于一致，增加了相互间的共同语言和信任，有利于促进员工修身养性、净化心灵，可以为他们提供优良服务的情绪。

（二）服务文化影响"物"的功能

机构服务文化作为一种观念形态，作为服务机构的灵魂，在机构建设与发展中必然对"物"的因素产生影响，包括机构向外提供的物质产品、技术服务、环境保护，以及机构内部的服务设施、工作环境布置等。服务机构通过抓服务文化，必然会进行设备的更新改造、生产工艺的改革、产品的更新换代、能源及原材料的节约和开发、工序质量控制的加强，促进机构产品及服务质量的提高，以及资金、物质、技术、设备利用率的提高。与此同时，服务机构的自然环境、建筑设施风格等外部环境也会体现服务文化精神。机构员工时刻生活、工作在这种环境中，将直接影响员工对服务机构倡导的服务文化的认同、内化。所有这些都将导致整个机构的经济效益提高。

当然，服务文化最本质的功能还是对"人"的影响，"物"最终是作用于"人"，通过"人"发挥作用。哈佛商学院研究组提出的服务利润链理论认为：机构的利润增长、顾客忠诚度、顾客满意度、顾客获得的产品及服务的价值，以及员工的能力、满意度、忠诚度、劳动生产率之间存在着直接、牢固的关系，即利润及其增长主要由顾客的忠诚来激发和推动，顾客的忠诚是顾客满意的直接结果，顾客满意度在很大程度上受到提供给顾客的服务价值的影响，服务的价值是由满意、忠诚和富有活力的员工所创造的，而员工的满意度则来源于能使员工有效服务顾客的高质量的服务支持体系和相应的政策。因此，殡葬服务机构服务文化建设必须紧紧围绕改变人、塑造人、让人全面自由发展这个中心来进行。

三、服务文化的类型

企业服务文化主要有以下四种类型。

(一) 服务市场导向型

殡葬服务机构管理人员强调市场竞争，激励全体员工努力实现企业的目标，采用市场导向的服务经营管理原则，迅速适应市场变化，并采取一系列有效的竞争措施，实现企业的财务目标和市场占有率目标。其核心是强调竞争优势和市场优势。

(二) 创新型

殡葬服务机构管理人员强调创新精神、创造性、适应性等价值观念，不断努力发展新的市场，确定新的服务发展方向，敢于承担风险，愿意接受市场的挑战。其核心是创新精神、创业精神、敢于承担风险。

(三) 家族型

殡葬服务机构管理人员强调凝聚力、归属感，员工参与管理，各个部门之间相互协作。在殡葬服务机构里，凝聚力和员工满意程度比殡葬服务机构的财务目标和市场占有率目标更加重要。其核心是强调员工忠诚度、传统习惯和内部稳定。

(四) 等级型

殡葬服务机构管理人员强调等级观念和规章制度。机构的服务活动是在各级管理人员的监督、评估和指导之下进行的。其核心强调稳定性、一致性。

这四类殡葬服务机构服务文化并不是相互排斥的。大多数殡葬服务机构可能同时有几类殡葬服务机构服务文化成分。然而，在某一个时期里，主要的殡葬服务机构服务文化却只可能是其中一种类型。在不同时期里，占支配地位的殡葬服务机构服务文化也可能会发生变化。

四、服务文化的结构

服务文化可分为物质文化、行为文化、制度文化、精神文化四个层次，其结构关系可以通过服务文化树形图（图 10-1）来表示。

树叶　物质文化层

树枝　行为文化层

树干　制度文化层

树根　精神文化层

图 10-1　服务文化树形图

(一) 物质文化层

物质文化层是一种以物质形态为主要研究对象的表层企业文化。相对核心层而言，它是容易看见、容易改变的，是核心价值观的外在体现，包括殡葬服务机构的职业标志、服务环境、服务的设备设施、服务的产品等。这些物质现象是殡葬服务机构服务文化最外在的载体，它构成了客户对服务机构的第一直观印象。

（二）行为文化层

殡葬服务机构的行为文化是指殡葬服务机构员工在服务客户、教育宣传、人际关系活动、文娱体育活动中产生的文化现象。它是殡葬服务机构经营作风、精神风貌、人际关系的动态体现，也是殡葬服务机构精神、价值观的折射。从人员结构划分，殡葬服务机构的行为文化可以分为领导的行政行为、榜样人物的示范行为和一线员工的服务行为。

（三）制度文化层

殡葬服务机构的制度文化是指殡葬服务机构在长期的生产经营和管理实践中生成和发育起来的，以企业规章制度为载体的文化现象。它是企业精神在殡葬服务机构制度上的体现，包括殡葬服务机构领导体制、组织机构和管理制度三方面的内容。它在文化层次中起到规范和约束的作用，是服务文化的桥梁和纽带，把物质文化和精神文化有机结合为一个整体。

（四）精神文化层

精神文化层处于殡葬服务机构的服务文化层次结构中的核心位置，它是殡葬服务机构在服务过程中逐渐形成的文化观念和精神成果，是一种深层次的文化。它的精神内涵得到了相关服务理论的有力支撑。

殡葬服务机构服务文化的结构模型用树形图表示，模拟了这四个层次的关系，它们是紧密联系的统一体。物质文化是服务文化的外在表现和载体，是其他三个层次的物质基础；制度文化是精神文化的载体，支撑和规范着行为文化；精神文化是形成行为文化、制度文化的思想基础，也是服务文化的核心和灵魂；精神文化主要是指价值观指导下的理念体系，其核心是价值观。

第二节　殡葬机构服务文化建设的内容

服务文化是一个殡葬服务机构独特的服务精神和风格的具体反映。重视服务已经成为当前殡葬服务机构的一大特征。完善的服务文化能够加强员工对良好服务和顾客满意度的理解，成为殡葬服务机构最终向顾客提供优质满意服务的内部基础。但并非所有的服务文化都有助于殡葬服务机构竞争力的实现，本节讨论的是以顾客为导向、鼓励优质服务的服务文化。

一、服务文化建设的原则

殡葬本质上就是一种服务，涉及千家万户，这决定了殡葬服务机构既是服务文化建设的实践者，也是服务文化建设的传播者。在和谐社会建设中，坚持以客户（家属）为中心，为人民群众提供优质的殡葬服务，是建设服务文化的具体体现。以人为本是殡葬服务的核心，也是殡葬服务文化建设的重要指导思想。因此，如何培育以人为本的理念，用人本理念引导服务价值取向，增加服务中的和谐因素，减少服务中的不和谐因素，是当前服务文化建设中亟待解决的重要课题。

(一)"软件"提升与"硬件"改善同步

优质服务是殡葬服务机构服务素质和能力的综合体现,完善的服务设施、良好的服务环境、多样化的服务内容、人性化的服务方式,是最大程度让广大顾客(家属)满意的保证。因此,改善硬件是提供优质服务的重要内涵,也是服务文化的基础。近年来,殡葬服务机构坚持以人为本的建设理念,殡葬服务的硬件设施不断得到改善。如园林式的环境、干净明亮的业务大厅、功能齐全的守灵厅等,有的还增设了家属休息室、残疾人通道等服务设施。尽管如此,仍有客户投诉等事件的发生。这说明,只有好的硬件,没有相配套的软件系统和用心的服务,是不可能实现服务最优化的。要建设以人文本的服务文化,只有促进软、硬件"同步"提升,才能使服务方式从过去的"以硬补软"向"软硬同步"提升,由设备设施的改善向服务理念和服务功能转变。否则,软、硬件不协调,员工素质不高,服务质量就会大打折扣,这不仅会影响殡葬的整体服务质量,还会弱化甚至抵消硬件的作用力。

目前,客户反映的问题虽有硬件设施方面的,但大量的还是服务理念、服务质量和服务体系建设等软件方面的不足。这实际上反映出殡葬服务相关单位员工素质的不足。事实证明,硬件只有与服务软件共同进步,才能优化服务内涵,提高服务质量。不断"升级"服务的软件系统,使员工素质由技能型向知识型、服务型转变,才能使硬件与软件呼应联动,物质层面和精神层面相映成辉。

(二)服务员工与服务顾客同行

在服务营销中,顾客包括内部顾客(即员工)和外部顾客,故顾客满意是殡葬员工与顾客共同创造的产物,让顾客满意就包括让员工满意。要想员工尊重顾客,殡葬服务机构就要尊重员工,创造内部和谐的人际关系。当前,一些殡葬服务机构服务质量不高与员工对殡葬服务机构满意度不高、员工内在动力不足有密切关系。因此,殡葬员工的满意度是顾客满意度的基础,顾客满意度是员工满意度的必然结果。殡葬服务机构服务文化建设以人为本,需要把服务内部员工与服务顾客相结合,尊重员工、发展员工、成就员工。而殡葬员工在服务顾客的过程中也要全心全意以顾客为本,以顾客需求为出发点,建立和规范顾客服务系统,把规范服务和人性化相融合,使"顾客想不到的,我们要做到"成为一种使命,使"用心服务"成为一种自然而然的行为习惯。

(三)规章制度与服务宗旨同向

服务宗旨是服务价值观在服务目标、使命、价值观上的体现;规章制度是以价值观为核心、以规章制度为载体的行为规范。从本质上说,服务宗旨与规章制度是同一事物的两个方面,服务宗旨是规章制度的方向,规章制度是服务宗旨的体现。如果服务宗旨是一套,规章制度又是一套,服务行为就会因两者的割裂而让顾客不满,也就谈不上服务文化。当下,殡葬服务机构的规章制度与服务宗旨的不同步,价值观不明晰,重管理、轻服务,以"我"为本而不是以顾客为本的情况还不少。从而出现员工虽按规章制度办事,但并没有带来顾客的满意。尽心满足顾客的需求,尽力为顾客排忧解难,让顾客感受到尊重与照顾,既是殡葬服务规章制度的要义,也是服务宗旨的内涵。真正树立以顾客为本的价值观,应当使规章制度适应服务宗旨的要求,而不是单方面让顾客来适应机构的规章制度。因此,要体现以人为本的服务理念，就必须从顾客需求的角度换位思考，把服务顾客的价值观渗透在规章制度制定、执行之中，变管理顾客为服务顾客、用力服务为用心服务、呆板服务为亲情服务，才能以完善的制度体现服务的宗旨。

（四）无形标准与有形标准同轨

殡葬服务标准是检验殡葬服务机构服务行为优劣的量化依据。一般服务机构比较重视有形的服务标准、程序和规范，忽略无形的顾客体验、感觉。其实，服务不同于一般产品，是难以量化和度量的，因为它是人与人之间真情的沟通与互动，决定顾客满意度的往往是无形的服务氛围和内心体验。实践证明，最好的服务是满足顾客的内在需求，让顾客感动的超值服务。超值服务才能提升顾客的美誉度，为殡葬服务机构增加信誉、创造无形价值、形成服务品牌。因此，殡葬服务机构的无形标准与有形标准同等重要，它是服务文化增加价值的集中体现，更是顾客满意度的必然追求。真正意义上的服务标准，并不在于看得见的宣传口号，而在于倡导的东西是否真正转化为员工的态度和行为。有形的服务标准只是职业化服务的底线，是殡葬服务机构必须完成的规定动作，无形标准才是"使顾客更满意"的最高标准。

二、服务文化建设的维度

随着中国经济的快速发展，人民群众对殡葬服务质量的要求也随之提高。殡葬服务机构需开展服务文化建设，引导干部员工增强服务意识、更新服务理念、规范服务行为。大力加强服务文化建设，殡葬服务机构要坚持以客户满意为核心、以服务文化体系建设为基础，着力从理念、标准、品牌、评价四方面构建"四位一体"的服务文化格局。

（一）以顾客需求为导向，构建殡葬服务理念体系

殡葬行业的快速发展不仅是硬件的全面进步，更应该是服务理念的同步跟进和提升，才能不断提高殡葬服务的品质。当然，殡葬服务理念并不是一句简单的口号，而是一个以服务价值观为核心的理念体系，包括服务理念、使命、精神追求等。客户需求是服务理念产生的源头，也是殡葬行业的价值、使命和追求。无论服务硬件、服务内容和方式如何变，持续满足客户需求的服务价值观不能变。不仅需要准时、无误、保质完成服务项目，还要求满足客户精神、文化和心理上的需求。一方面，要求殡葬服务从基本服务向多元、个性、特色化服务发展，持续满足客户日益增长的需求。也可以积极探索导入国际服务界流行的理念——瞬间感动（Moment of Truth，简称 MOT），以小节突出细致、以细微突出感动，推动服务水平的提升。另一方面，殡葬服务机构可以通过开展服务理念大讨论，把服务理念提炼与员工参与结合起来、与殡葬服务机构在工作场所悬挂的格言和警句结合起来、与殡葬服务案例中服务质量和顾客需求之间的差距结合起来，探索弥补差距的服务内容和方式，进而使服务理念既体现顾客需求，又有广泛的员工认同基础。这样，人性化的服务理念体系才能由抽象变生动、变具体。

（二）以动力机制为基础，提升殡葬服务标准体系

服务理念的实践，需要服务标准的保障。没有服务的高标准就没有服务的高质量。当

然，服务标准并不是单一的、一成不变的东西，只有与时俱进、形成统一的体系，才能与客户需求和硬件功能相适应。不过，再好的服务标准，还需要员工去实施。因此，服务标准的提升要以内在动力机制为基础。如果不从制度机制上找出路，不激发员工搞好服务的内动力，服务标准是难以提高的，服务质量也是难以从根本上持续的。从这个意义上来说，提升员工内动力是殡葬行业对服务标准体系提出的更高要求。

1. 坚持以员工为本、强化服务人才的理念

殡葬服务机构利用多种方式关心、理解、尊重员工，从制度机制上设计员工的职业生涯，不断满足他们的物质、精神和文化需求，以凝聚力和归属感增强员工对高标准服务制度执行的内动力。

2. 坚持以公开选拔、竞争上岗为主要内容的选人用人机制

按照效率优先、兼顾公平的原则，改革收入分配制度，探索多元化的分配形式，实现短期激励与长期激励、即期激励与预期激励的有机结合，将服务的业绩与服务对象的认可度紧密挂钩，给予真正让客户信赖的员工以激励，从而增强员工搞好服务工作的内在积极性。

3. 把服务标准化作为一项长期系统工程来建设

着力加强服务流程管理，健全统一的服务行为规范标准，加强服务监督机制建设，形成统一的服务投诉机制，实现全员化、常态化的现代服务文化。

（三）以先进服务班组为样板，着力塑造服务品牌体系

服务无极限，满意无终点。殡葬服务机构之间的较量，很大程度上表现为服务品牌的较量。服务品牌体系是服务理念的人格化，殡葬服务机构可以先进群体为榜样，以高素质的品牌员工队伍为支撑。

1. 充分挖掘服务品牌的文化内涵，发挥服务品牌的示范引导作用

可以从无形资源的角度去开发、去经营、去激活，从地域、人文、形象定位的角度去发挥整体联动功能，不断拓展服务品牌从个体到群体的影响力。例如，近年来有的殡仪馆为适应行业发展要求，打造特色礼仪服务组、特色防腐整容工作室等，实施品牌化管理，使各类服务品牌不断涌现，成为塑造行业形象、推动行业文明的新亮点。

2. 以提升服务能力为核心，进行新理念、新知识、新技术的培训

高品位的服务需要高素质的服务人员支撑。殡葬服务机构可以从开展"学习型组织、知识型员工"活动入手，结合"大培训、大练兵、大比武"，使日常基础培训、技术技能培训、特色服务培训相结合，把培养和造就一流的思想政治素质、技术业务素质、文化道德素质和心理素质的殡葬服务员工队伍作为服务品牌战略的核心内容，作为增强服务竞争力的重要举措，在塑造品牌员工素质过程中提升服务品牌。

3. 开展服务品牌传播活动

充分利用殡葬场所、各种媒体和公共关系，策划特色鲜明的主题，广泛传播殡葬服务品牌，增强殡葬服务的社会影响力和亲和力。特别是要重视发挥互联网的独特功能，建立殡葬服务品牌网站，不仅向社会提供殡葬服务资讯，而且使其成为传播殡葬服务品牌美誉度的重要载体。

（四）以社会公认为依据，建立殡葬服务质量评价体系

服务质量是殡葬服务品牌的生命，而一流的服务质量要有科学系统的评价体系来支撑，才能不断提高服务满意度，使殡葬服务文化可持续发展。

1. 确立以客户满意为尺度的服务质量评价标准

服务质量的高低不是领导满意和自己满意，而应以客户满意度为依据，以客户满意为尺度。因此，要落实客户至上的服务理念，以家属服务全程的感受为导向，以社会公众为评估主体，以定量、定性分析为基础，构建全面、科学、有效、可操作性强的殡葬服务质量评价标准。

2. 从客户角度确立服务质量主体内容

从客户角度来看，客户对殡葬服务质量的认识可归纳为三个方面：一是通过殡葬服务得到了什么，即服务的结果，也就是服务的技术质量，主要体现在对遗体的处理上，要准确无误并达到家属预期的效果；二是客户如何在服务过程中体验服务，即服务的过程，也就是服务的功能质量，主要体现在对家属情感的处理上，要态度温和并抚慰家属情绪；三是客户在接受服务过程中直观感受到的员工态度、仪表和行为举止，即服务的行为质量。殡葬服务评价体系应以这些方面的内容来构建。目前，家属的主观认知越来越重要，它是拓展殡葬服务的重要基础。

3. 从社会公众角度动态把握服务质量评价途径

可通过三种方式进行。一是主动走出门听取评价。坚持定期或不定期地深入家属中广泛征求意见，听取大家的客观评价。二是请进门听取评价。定期邀请社会人士到殡葬服务各岗位进行明察暗访，提出具体意见。三是引入中介机构进行测评。通过第三方现场调查，客观评估服务质量。因此，服务质量评估要以客户和社会公众为考量依据，实事求是地展开满意度测评，并定期公示整改，这是实现殡葬服务从传统服务到现代服务跨越的重要途径。

三、服务文化建设的途径

加强服务文化建设，需从落实精细理念入手，将殡葬服务机构理念、技术质量、行为规范等融进品牌，形成独具特色的品牌文化，从而树立起殡葬服务机构的新形象。殡葬服务机构服务文化建设须认真把握以下四个环节。

（一）将细节凝结成可操作性的标准

标准是衡量事物的准则，标准的高低决定精细管理水平的高低。基于此，我们必须把精细管理的内在要求凝结成可操作性的执行标准，建立从电话接听、遗体接运到祭扫服务的工作流程标准模型，确立直接影响服务的关键点、关键服务项目和流程，明确和细化每项服务的作业程序、时间、质量标准、责任和考核要求，做到控制时间、手段、途径最优化，消除服务"接合部"管理真空或重叠，使工作全过程以及岗与岗之间合理衔接、相互啮合。从而实现细节过程标准化，使员工有章可循、有规可依、有标可行。对殡葬服务机构的服务而言，服务有标准，检查有依据，过程有控制，服务质量就能有效把握。因此，如何发现、分解和控制服务细节是问题的关键，它需要殡葬服务机构引导和鼓励殡葬服务各个岗位班组及服务人员

在服务中自主发现、总结、提升和解决问题，将标准真正体现在实际服务的过程中。

（二）将标准演绎成人性化的习惯

标准的制定是为了员工按标准执行，如果没有人性化的规则和标准跟进，可能越强调标准服务就距人性化服务越远。更为重要的是，殡葬行业的许多标准的执行还仅仅是管理者的行为，标准的执行还处于被动执行阶段，并没有变成员工的自觉行为，更没有变成广大员工自然而然的习惯。古罗马诗人奥维德曾经说过：没有什么比习惯的力量更强大。要借用"习惯"这种力量，就必须在细化完善标准的基础上，注意研究人的行为规律，培育员工敬业、乐业、精业的精神，营造按程序办事、按标准作业的工作氛围和文化环境，使员工把精细服务工作当作成就自我的一种责任、一种追求、一种自觉。要使员工做到"习惯成自然"，还必须规范管理，细化措施，做到责、权、利的统一，体现严格考核，适度奖惩，对做得差的有惩罚、做得好的有激励。这样，制度与文化相融，刚性约束与柔性导向互补，从而达到精细标准的潜移默化、无形渗透，精细作业习惯的自觉养成、蔚然成风。

（三）把习惯升华为人人共享的理念

服务精细化行为习惯要让所有人认同并践行，通过提炼与提升，成为殡葬服务机构服务的理念。但习惯要成为理念，还需要理念"内化"与"外化"。理念内化是指殡葬服务机构通过开展向服务不良习惯告别的活动，查找员工身边和自身简化服务与"经验"服务等不良习惯，形成案例，自我教育，深植于心，自觉内化，从而真正认识到精细服务是岗位应尽的职责，是实现自我价值的内在需要，是满足家属需求的客观要求。同时，发挥服务典型引路作用，积极推广体现精细服务理念的典型人物的操作法和行为习惯的养成法，使员工学有榜样、赶有目标，把重视细节服务的理念由个体行为向群体行为延伸。理念外化是指要走群众路线，提炼与加工员工自己认同的个性化、简洁化、通俗化的岗位理念，并建立制度，形成机制，把岗位理念与殡葬服务机构理念相互渗透，把员工的发展融入殡葬服务机构发展之中，与殡葬服务机构形成命运共同体。这样，殡葬服务机构的理念才能变成广大员工自己的理念，精细服务习惯才有可能逐步升华为一种殡葬服务机构的核心价值观。

（四）把理念打造成有影响力的品牌

打造服务品牌是目前很多殡葬服务机构正在做或想做的一件事。品牌作为殡葬服务机构的一张名片，是本殡葬服务机构的服务区别于其他殡葬服务机构的服务所作的特殊标志，而支持这一标志的背后是一种理念和承诺。也就是说，文化是根，理念是魂，品牌是果。要打造高质量、有影响力的殡葬服务品牌，就必须加强服务文化建设，从落实精细服务理念入手，将服务标准、行为规范等融进品牌，形成殡葬服务机构服务的品牌文化。建立顾客服务系统，完善顾客投诉解决机制，把人性化服务和精细化服务相融合，把基本服务与特色服务相结合。通过细心关注、体验顾客的每一点价值需求，充分体现殡葬服务的地域特色和文化底蕴，用心提升服务品牌的附加值，点点滴滴弘扬品牌精神，诚心诚意提高服务品位，与时俱进提升服务品质。逐步实现服务方式多样化、环境设计人性化、管理机制精细化，从而使顾客透过细致入微的品牌服务体验到精细服务理念的内在张力和"以顾客为本"的价值诉求。只有这样，才能持续创造品牌价值，铸造有文化品位和地域特色的强势品牌。

课后思考与训练

1.请你谈谈殡葬服务机构服务文化建设的必要性。

2.如果你是殡葬服务机构负责人，你准备从哪些维度进行服务文化建设？

3.殡葬服务机构如何进行殡葬服务文化建设？

PPT课件

参考文献

[1] 温锦英.服务营销有形展示技巧研究 [J].经济研究导刊，2011（19）：197-198.

[2] 王兆善.铁路企业文化纵横探 [M].北京：中国铁道出版社，2018.

[3] 张玉明.会展服务管理 [M].广州：中山大学出版社，2010.

[4] 杨佩主.服务营销 [M].天津：南开大学出版社，2015.

[5] 蔡忠平.心智管理：行走于变与不变之间 [M].上海：上海交通大学出版社，2016.

[6] 文征.以感恩的心态工作 [M].北京：金城出版社，2010.

[7] 陈淑君.什么是服务 [M].重庆：重庆大学出版社，2016.

[8] 舒伯阳，徐静主.服务运营管理 [M].武汉：华中科技大学出版社，2016.

[9] 吴廷玉.城市文化策划与城市生态研判 [M].北京：清华大学出版社，2015.

[10] 郑志丽.客户关系管理实务 [M].北京：北京理工大学出版社，2016.

[11] 平云旺.新编常用项目管理全书 [M].北京：中国法制出版社，2011.

[12] 苏伟伦.项目策划运用管理 [M].北京：中国纺织出版社，2005.

[13] 张圣亮.服务营销与管理 [M].北京：人民邮电出版社，2015.

[14] 陈嘉嘉.服务设计基础 [M].南京：江苏凤凰美术出版社，2018.

[15] 中华人民共和国国家发展和改革委员会.殡仪馆建设标准（建标181—2017）[M].北京：中国计划出版社，2017.

[16] 北京社会管理职业学院（民政部培训中心）.殡仪服务员国家职业技能培训评价教材 [M].大连：大连理工大学出版社，2021.